近代政治史系列

义和团史话

A Brief History of
the Boxer Uprising in China

卞修跃 / 著

社会科学文献出版社
SOCIAL SCIENCES ACADEMIC PRESS (CHINA)

图书在版编目（CIP）数据

义和团史话/卞修跃著.—北京：社会科学文献出版社，2012.1
（中国史话）
ISBN 978-7-5097-2936-6

Ⅰ.①义… Ⅱ.①卞… Ⅲ.①义和团运动-史料 Ⅳ.①K256.706

中国版本图书馆CIP数据核字（2011）第253894号

"十二五"国家重点出版规划项目

中国史话·近代政治史系列

义和团史话

著　　者	卞修跃
出 版 人	谢寿光
出 版 者	社会科学文献出版社
地　　址	北京市西城区北三环中路甲29号院3号楼华龙大厦
邮政编码	100029
责任部门	人文科学图书事业部　(010) 59367215
电子信箱	renwen@ssap.cn
责任编辑	陈旭泽　赵子光
责任校对	邓晓春
责任印制	岳　阳
总 经 销	社会科学文献出版社发行部 (010) 59367081　59367089
读者服务	读者服务中心 (010) 59367028
印　　装	北京画中画印刷有限公司
开　　本	889mm×1194mm　1/32　印张/5.875
版　　次	2012年1月第1版　字数/115千字
印　　次	2012年1月第1次印刷
书　　号	ISBN 978-7-5097-2936-6
定　　价	15.00元

本书如有破损、缺页、装订错误，请与本社读者服务中心联系更换
版权所有　翻印必究

《中国史话》
编辑委员会

主　　任　陈奎元

副 主 任　武　寅

委　　员　（以姓氏笔画为序）
　　　　　卜宪群　王　巍　刘庆柱
　　　　　步　平　张顺洪　张海鹏
　　　　　陈祖武　陈高华　林甘泉
　　　　　耿云志　廖学盛

总 序

中国是一个有着悠久文化历史的古老国度，从传说中的三皇五帝到中华人民共和国的建立，生活在这片土地上的人们从来都没有停止过探寻、创造的脚步。长沙马王堆出土的轻若烟雾、薄如蝉翼的素纱衣向世人昭示着古人在丝绸纺织、制作方面所达到的高度；敦煌莫高窟近五百个洞窟中的两千多尊彩塑雕像和大量的彩绘壁画又向世人显示了古人在雕塑和绘画方面所取得的成绩；还有青铜器、唐三彩、园林建筑、宫殿建筑，以及书法、诗歌、茶道、中医等物质与非物质文化遗产，它们无不向世人展示了中华五千年文化的灿烂与辉煌，展示了中国这一古老国度的魅力与绚烂。这是一份宝贵的遗产，值得我们每一位炎黄子孙珍视。

历史不会永远眷顾任何一个民族或一个国家，当世界进入近代之时，曾经一千多年雄踞世界发展高峰的古老中国，从巅峰跌落。1840年鸦片战争的炮声打破了清帝国"天朝上国"的迷梦，从此中国沦为被列强宰割的羔羊。一个个不平等条约的签订，不仅使中国大量的白银外流，更使中国的领土一步步被列强侵占，国库亏空，民不聊生。东方古国曾经拥有的辉煌，也随着西方列强坚船利炮的轰击而烟消云散，中国一步步堕入了半殖民地的深渊。不甘屈服的中国人民也由此开始了救国救民、富国图强的抗争之路。从洋务运动到维新变法，从太平天国到辛亥革命，从五四运动到中国共产党领导的新民主主义革命，中国人民屡败屡战，终于认识到了"只有社会主义才能救中国，只有社会主义才能发展中国"这一道理。中国共产党领导中国人民推倒三座大山，建立了新中国，从此饱受屈辱与蹂躏的中国人民站起来了。古老的中国焕发出新的生机与活力，摆脱了任人宰割与欺侮的历史，屹立于世界民族之林。每一位中华儿女应当了解中华民族数千年的文明史，也应当牢记鸦片战争以来一百多年民族屈辱的历史。

当我们步入全球化大潮的 21 世纪，信息技术革命迅猛发展，地区之间的交流壁垒被互联网之类的新兴交流工具所打破，世界的多元性展示在世人面前。世界上任何一个区域都不可避免地存在着两种以上文化的交汇与碰撞，但不可否认的是，近些年来，随着市场经济的大潮，西方文化扑面而来，有些人唯西方为时尚，把民族的传统丢在一边。大批年轻人甚至比西方人还热衷于圣诞节、情人节与洋快餐，对我国各民族的重大节日以及中国历史的基本知识却茫然无知，这是中华民族实现复兴大业中的重大忧患。

中国之所以为中国，中华民族之所以历数千年而不分离，根基就在于五千年来一脉相传的中华文明。如果丢弃了千百年来一脉相承的文化，任凭外来文化随意浸染，很难设想13亿中国人到哪里去寻找民族向心力和凝聚力。在推进社会主义现代化、实现民族复兴的伟大事业中，大力弘扬优秀的中华民族文化和民族精神，弘扬中华文化的爱国主义传统和民族自尊意识，在建设中国特色社会主义的进程中，构建具有中国特色的文化价值体系，光大中华民族的优秀传统文化是一件任重而道远的事业。

当前，我国进入了经济体制深刻变革、社会结构深刻变动、利益格局深刻调整、思想观念深刻变化的新的历史时期。面对新的历史任务和来自各方的新挑战，全党和全国人民都需要学习和把握社会主义核心价值体系，进一步形成全社会共同的理想信念和道德规范，打牢全党全国各族人民团结奋斗的思想道德基础，形成全民族奋发向上的精神力量，这是我们建设社会主义和谐社会的思想保证。中国社会科学院作为国家社会科学研究的机构，有责任为此作出贡献。我们在编写出版《中华文明史话》与《百年中国史话》的基础上，组织院内外各研究领域的专家，融合近年来的最新研究，编辑出版大型历史知识系列丛书——《中国史话》，其目的就在于为广大人民群众尤其是青少年提供一套较为完整、准确地介绍中国历史和传统文化的普及类系列丛书，从而使生活在信息时代的人们尤其是青少年能够了解自己祖先的历史，在东西南北文化的交流中由知己到知彼，善于取人之长补己之短，在中国与世界各国愈来愈深的文化交融中，保持自己的本色与特色，将中华民族自强不息、厚德载物的精神永远发扬下去。

《中国史话》系列丛书首批计200种，每种10万字左右，主要从政治、经济、文化、军事、哲学、艺术、科技、饮食、服饰、交通、建筑等各个方面介绍了从古至今数千年来中华文明发展和变迁的历史。这些历史不仅展现了中华五千年文化的辉煌，展现了先民的智慧与创造精神，而且展现了中国人民的不屈与抗争精神。我们衷心地希望这套普及历史知识的丛书对广大人民群众进一步了解中华民族的优秀文化传统，增强民族自尊心和自豪感发挥应有的作用，鼓舞广大人民群众特别是新一代的劳动者和建设者在建设中国特色社会主义的道路上不断阔步前进，为我们祖国美好的未来贡献更大的力量。

陈奎元

2011年4月

⊙卞修跃

作者小传

卞修跃，安徽寿县人，1966年10月出生。历史学博士、副编审。供职于中国社会科学院近代史研究所，主要从事抗日战争史、侵华日军暴行史、中日战争历史遗留问题等方面的研究暨近代史资料搜集、编辑工作。著有《天理·人伦·世道》、《周震鳞传》（合著）、《中国近代通史》（第二卷，合著）等多部专著，发表论文数十篇，编辑《抗日战争》（资料集，合编）等专题资料数百万字。

目 录

一 豆剖瓜分　话缘起细说大势 …………………… 1
 1. 上帝与天尊的对垒 ……………………………… 1
 2. 大刀会偏不信邪 ………………………………… 3
 3. 安治泰相中山东 ………………………………… 11
 4. 威廉成了始作俑者 ……………………………… 20

二 设厂聚义　朱红灯森罗扬威 …………………… 27
 1. 冠县十八魁 ……………………………………… 27
 2. 梅花拳成了义和拳 ……………………………… 33
 3. 张汝梅要改拳勇为民团 ………………………… 37
 4. 森罗殿神拳却敌 ………………………………… 43
 5. 毓贤主张持平办理 ……………………………… 49
 6. 特借神力，扶保中华 …………………………… 54

三 涞水大战　清朝廷剿抚两难 …………………… 58
 1. 袁世凯的严剿 …………………………………… 58
 2. 究竟是严剿还是安抚 …………………………… 62

3. 葛络干送来照会 …………………………………… 68
4. 击毙杨福同，进占涿州城 ………………………… 73
5. 你们去涿州看一下 ………………………………… 79

四　津门儿女　誓扫洋寇卫家国 ………………………… 85
1. 裕禄改变了态度 …………………………………… 85
2. 西摩尔险遭没顶之灾 ……………………………… 89
3. 大沽炮台的陷落 …………………………………… 95
4. 老佛爷要"大张挞伐" …………………………… 101
5. 天津保卫战 ………………………………………… 108

五　国都沦陷　北京城惨遭浩劫 ………………………… 117
1. 李秉衡哀叫三声"死罪" ………………………… 117
2. 慈禧的"西狩" …………………………………… 119
3. 古都里来了一群强盗 ……………………………… 124

六　白山黑水　军民携手战仇雠 ………………………… 129
1. 东三省的义和团 …………………………………… 129
2. 寿山联民御侮 ……………………………………… 131
3. 北大岭凤翔捐躯 …………………………………… 135
4. 齐齐哈尔的陷落 …………………………………… 141

七　朝廷卖国　义和团扫清灭洋 ………………………… 146
1. "量中华之物力，结与国之欢心" ……………… 146

2. 辛丑条约敲骨吸髓 …………………… 153

3. 扫清灭洋，义和团名传青史 …………… 159

参考书目 …………………………………… 165

一　豆剖瓜分　话缘起
　　细说大势

1　上帝与天尊的对垒

中华民族，有着数千年延绵不绝的优秀文化和传统，以及辉煌灿烂的历史，在人类发展史上，曾创造了无数的物质文明和精神文明，不仅为自己赢得了无与伦比的光荣与骄傲，同时也使民族生生不息地傲然屹立在世界的东方。

虽然早在盛唐时代，西方宗教即传入中国。但是，在每一个中国人的心目中，从来都是以传统的儒、道、释三家精义作为自己信仰的依归。而每一个中国人也从来都是严谨地遵循着自己的民族文化精神而生活着、奋斗着、创造着。当一些心怀治平天下大志的人们希望在现实的社会生活中有一番积极进取时，源远流长而又博大精深的儒家精神就会在他们的心灵中引起强烈的共鸣，从而引导他们自强不息地为社会工作，为天下生民谋福利；当一些人厌倦了尘世的喧嚣，想求得自身的解脱或心灵的宁静时，他们则又会皈依中国传统的道教或早已融为中国传统文化的一个有机组成部分的佛教，栖息山林，逍遥江湖，修真参禅。

即便中国广大的基层民众更关心自己的实在生活，但这实在的生活却也是需要得到诸神的庇佑的。于是，他们对自己民族的传统宗教——道教——更有着最直接而浓厚的兴趣。这也是必然的，道教以先秦原始道家学派的主张为自己的理论基础和教义指归，从其创立伊始，就与下层民众产生了密不可分的联系。修道之士固然以得道成仙为自己宗教实践的最终目的，对道教的教规谨遵不渝，对三清道祖、玉皇天尊及天地间诸神顶礼膜拜；普通民众虽然对道教教义不甚了解，甚至也弄不清天庭之中三清道祖与玉皇大帝孰尊孰卑、先天诸神与圣哲之仙之间存在着何样的差别，更不去寻求自己的得道成仙，但是，在他们的心目中，高居天上的玉皇大帝就是宇宙间的最高尊神，他和他领导的三界诸神，洞察着人间的是非善恶，掌管着天下的吉凶祸福。因此，不管怎么说，他们相信，玉皇天尊与他们的现实生活之间存在着最神秘而又最直接的关系，所以，他们要对其顶礼膜拜。

中国人有着自己的生活，有着自己的文化和宗教，这种文化和宗教又正是与现实的生活协调一致的。所以，数千年间，中华民族的文明稳步地向前绵延传承，几乎没有一丝一毫的断绝。

但是，这种情况在19世纪尤其是这一世纪之末发生了严重的变化。原因就是西方的"上帝"这时再也不甘心中国人千百年来对它的排斥，它逞起了自己一贯的独断和蛮横，凭借着自己西方子民的坚船利炮，踏海来到东方的中国，要把天尊的影响从中国人的信念之中驱逐出去，要把东方人从天尊的统辖下夺走，纳入自己子民之列。于是，这时的西方传教士们，一反往昔的卑躬，开始叫嚷"要为上帝征服中国"了。

2 大刀会偏不信邪

基督教的东传，由来已久。但是，基督教之三大教派——天主教、基督新教和东正教——进入中国的时间是不尽相同的。基督教在其尚未分裂之前，曾经两度传入中国：最早的一次是在唐朝，当时基督教中的一支由波斯传入中国，称作景教；第二次是在元朝。虽然当时中国文化以其博大的胸怀优容了它的存在，但由于基督教思想与中国人的传统信念格格不入，极少有人会对其加以理睬和信仰。于是，它的这两次传入也都自生自灭，如同一缕轻烟，在中国的天空中飘荡了一番后，消散净尽了。

明朝至清朝中期，基督教三大教派卷土重来，再一次传入中国。1552年（明嘉靖三十一年），耶稣会的方济格·沙勿略教士最早把天主教带入中国；1689年（清康熙二十八年），马·列昂节夫教士把东正教传入中国，并在北京建立教堂；1807年（清嘉庆十二年），马礼逊教士又把基督新教传到了中国。这一时期来到中国的西方传教士，大多是虔诚的基督教徒，他们怀着对上帝的无限忠贞和拯救"东方罪民"的慈悲之心，不远万里，跨越重洋，来到中国，要把"福音"传遍这一片拒绝上帝的土地，以说服生活在这一片土地上的人民认识到自身的罪孽，自新获救，从而把中国的民众从他们自己所尊崇的神的掌握下争夺过来，使其皈依于万能的天主。为了达到这个目的，这些传教士们来到中国后，华语儒服，适应中国民族的心理和习俗，采取中国民众所能接受的方式进行传教。与此同时，他们还带来了西方先进的近代科技知识，并兴办学校、医院和其他慈善机构。他们的这些作为，在客观上倒是推动了西方先进科学知识最早在中国的传播，而他们自己的事业也取得了极大的进展：到明崇祯末年，天主教已遍布中国的各个重要地域；至1667年，中国的天主教徒已有26万多人，教堂183座，教士住院53所；到1700年，中国的天主教徒增至30余万人。

第一次鸦片战争期间，伴随着英国殖民主义侵略者的到来，西方基督教传教士又一次大批涌入中国。从此，西方基督徒在中国的宗教活动的性质也发生了根本的变化。尤其在1858年第二次鸦片战争后，清政府与英、法、俄等国签订了《天津条约》，于条约中明文规定准许外国传教士在中国内地传教，并给予他们许多特权。从此，洋教士们一反他们在此之前的传教方式，一变而为有着宗教文化的传播者和受到不平等条约保护的侵略者的双重身份：一方面，西方传教士以殖民主义者的坚船利炮作为自己传播福音的有力后盾，以不平等条约作为自己的护符，在神州国土上，南北穿梭，无孔不入，强行推行"中华归主"；另一方面，西方殖民侵略者在凭借坚船利炮对中国进行赤裸裸的武装侵略的同时，也相中了有着特殊身份的传教士们，有意识地对他们在中国的传教活动加以利用，把西方教徒们所虔诚向往的"中华归主"现实化为中国社会的半殖民地化和殖民地化。于是，到19世纪后半叶，在侵略中国的行列中，又增加了一支特别行动队，这就是身披教士服、手持福音书的洋教士们。大炮与《圣经》成为西方列强侵略中国的两种最为重要的工具。

由于有不平等条约作护符，有强大的武力作后盾，洋教士们不需要再如以前那样迁就中国的习俗和文化，开始在中国的大地上肆无忌惮地横行开来。他们所到之处，霸占土地，强买强卖，网罗入教，聚敛财富，包揽词讼，欺凌官长，犯下了累累恶迹。教堂所在，也多成为凌驾于中国地方政权之上的权力中心，成为散布于中国各地的"国中之国"，对中国人民实行无厌的压迫和剥削。

不远千里踏海而来的传教士们，此时似乎忘记了自己的本分是要为天主在中国传播福音。他们有的贩卖鸦片，毒害中国人民；有的潜入中国内地或边陲，为全副武装的侵略者充当间谍刺探情报；有的深居幕后，为侵略者出谋划策，充当谋士；有的霸占田产，放高利贷，盘剥乡里；有的延揽劣绅无赖入教，欺凌百姓，甚至无端杀人。此外，各国传教士还与中国各地各级官吏分庭抗礼，逾越权柄，插手中国官场，严重干涉中国内政。如此情形，不一而足。中日甲午战争之后，随着列强对中国侵略的进一步加深，洋教士们在中国更是无法无天，横行无忌。据不完全统计，到19世纪末，在中国的欧美天主教、耶稣教、俄国东正教等外籍传教士共3200多人，他们在中国的国土上建立教区40多个，教会60多个，延揽入教者达80余万人。这样一支庞大的教会势力，在当时中国民众的心目中，就是罪恶的渊薮，苦难的根源。而那些背叛了自己的祖先和天尊加入洋教的教民们，则被视作为虎作伥的仇敌。于是，中国的广大民众，在饱受了侵略者的压迫和欺凌之后，慢慢开始觉悟，并起而抗争。而天主与天尊之争在现实中也从一般的民教冲突，走上了中国民众对西方入侵者更激烈的武装反抗之路。

甲午战争之后，第一次规模较大并直接推动义和团运动发展的反洋教斗争，是山东曹县的大刀会起义。

1894年，当中日战争打得不可开交的时候，在山东、江苏、安徽交界地区，以山东曹县、单县为中心，兴起了一种名为"大刀会"的民间结社，其首领有曹县烧饼刘庄的监生刘士瑞和单县曹楼的曹得礼等。大刀会原是一支民间的武术团体，日常练习一种名为"金钟罩"或"铁布衫"的硬气功，据说功夫练成之后，能不怕刀砍斧剁、枪击炮轰，也就是人们常说的刀枪不入。这种硬气功发源很早，在中国武术史上早见记载，但由于它在清朝前期一直在八卦教的一些支派中传习，所以始终带有一些秘密宗教的气息。

列强对中国日益深刻的侵略和洋教士的横行无忌，加之地方土匪盛行，使下层民众生活于水深火热之中。可是曹县刘士瑞等人就是不信这个邪，他们在创立大刀会之后,明确地提出了自己"保卫家身"、"兴华灭洋"的宗旨。刘士瑞等带领着大刀会的会员们,凭着自己手中的大刀,与手持洋枪的土匪们展开过多次交锋,先后打败段瞎子、岳二米子等著名匪股,成为维护一方民众生活的有力保障。

1896年2月4日,以行医为生的大刀会成员郝和升到吕登士家讨还药费。吕登士一家尽入洋教,他倚仗有洋教庇护,赖账不给,双方当下发生口角。吕登士的族人吕莱指着郝和升的鼻子骂他是白莲教妖人,惹得郝和升勃然大怒,回口骂他为羊羔子教庇护下的匪人,双方愤愤而散。这本是一场小小的口角之争,两下相安也即无事。但是吕莱等入教之后,恃有靠山,动辄张口骂人,抬手打人,几时受得如此回敬,此番与郝和升的口角,令他十分光火,乃找到教堂的教师张连珠,添油加醋地把此事说了一番。张连珠亦非善类,当下带着一些无赖教徒,到郝和升门上寻衅,搅得郝家鸡犬不宁。郝和升无奈,只得找到大刀会首领曹得礼,告以此事。曹得礼因觉此事又涉民教利害,就去找刘士瑞商量。刘士瑞平日最恨洋教徒仗势欺人,一听此事,不禁心下冒火,当即率一批大刀会员来到教堂,与张连珠理论。不料张连珠口出不逊,当场激怒了刘士瑞和其他大刀会会员。刘士瑞一声喝令,大刀会员们一拥而上,攀椽登房,立时拆毁了教堂。可这股怒气并没有散尽,于是,刘士瑞等沿途又把其他15座教堂概行拆毁。一时之间,洋教士们东躲西藏,无赖教民们也人心惶惶。

山东教区属德国天主教范围。德国驻华公使绅珂闻知此事后，即于4月14日致函总理衙门，要求清政府责令山东巡抚李秉衡查明此事，并对被毁教堂予以赔偿。此事尚未交涉完毕，刘士瑞又率领大刀会在山东展开了更大规模的反洋教斗争。

在山东和江苏两省的交界处，有一片湖地，当地人称作湍地。按以往成例，这些湍地，谁开垦出来耕种，收获就归谁所有，不必向官府完粮纳税。砀山大刀会首领庞三杰在这里拥有不少湍地，年年耕种，颇有收成。地主刘荩臣一直对庞三杰的湍地心怀觊觎，但因庞三杰徒众势大，始终不得下手。刘荩臣加入洋教后，觉得有洋教撑腰，胆子便大了起来。1896年初夏时分，刘荩臣带人抢割庞三杰湍地里成熟的麦子。庞三杰找其说理，不得结果。庞三杰忍无可忍，乃致书刘士瑞，请其出面相助。刘士瑞得信后，即于6月15日派其子刘孔章和徒弟牛金声、彭智林、智效忠等人率领曹、单大刀会众一千余人前往砀山，自己则留在曹县组织大刀会各支同时起事，借机驱灭洋教。大刀会在砀山打垮了以刘荩臣为首的教会势力，并乘势拆毁了东湍子教堂。同一天，曹县、单县、砀山、丰县、亳州、虞城等州县的大刀会同时起义。他们首先赶到单县贾庄，拆毁教堂；16日，转至后河滩，17日开到赵庄，19日到达葛楼。沿途上大刀会拆毁洋教堂，抄没教民财产；21日各路大刀会队伍分路出击，拆毁数十处教堂，抢掠教民家产。至25日，大刀会开至江苏丰县的戴套楼，拆除当地教堂。所经之处，洋教堂尽化乌有，传教士和教民仓皇逃窜。与此同时，庞三杰、牛金声等大刀会首领，纠集会众500多人，于6月28日包围了单、砀两县交界的马良集，并于次日攻入集内，拆毁教堂，抢砸店铺，同时还砸毁了江南裁缺外委衙门。

在中国历史上，每当社会动荡时期，下层民众就会自发地组织起来以保家卫乡，甚而为谋求生路而与统治者展开武装斗争。当其初兴之时，也许只在极小的地域范围内进行。一旦朝廷无力将其弹压下去的时候，它就必将由星星之火发展成燎原之势。因此，历朝历代的统治集团，对下层民众的哪怕是一点极小的骚动，也都不敢轻易放过；而那些参与起事的下层民众，在斗争过程中，也会由于其自身素质的固有局限，往往不大讲究斗争的策略和方式，从而使自身蒙受损失。

清政府虽然在屡经战败后，再也无力与列强抗衡，但是对于本国民众的越轨行为却还是要严加镇压的；只是不管这些民众缘何而起——毕竟在饱受了外患侵袭之后，孱弱不堪的清王朝再也经不起内部的动荡了。所以，只要还有些许的力量，它就得把一切意图动摇大清皇朝根基，或者是会令朝廷在中外交涉中处于被动难堪境地的民众闹事行为，严行镇压下去。6月24日，清廷得知大刀会反教起义后，立即电谕山东巡抚李秉衡，责令他速与江苏、安徽两省当局协商会剿。7月3日，清廷再度电令李秉衡和两江总督刘坤一火速派出军队，对大刀会严加弹压。如果大刀会胆敢抗拒，则予就地剿灭。

但刘士瑞等人却就是胆敢抗拒，与前来弹压的清军刀兵相见。清廷得讯后，再次严令李秉衡和毓贤等实力会剿，不得留有后患。李秉衡奉有朝廷严令，自不敢稍事怠慢，当即严饬毓贤，会同兖沂道锡良驰往当地查办，并飞调候选道马开玉所部三营，分往曹县、单县和鱼台等处，会同原有清军相机弹压；同时，李秉衡还委派候补知府杨传书等人分往各处，随同前往开导弹压；兖州镇总兵田恩来带兵开往鱼台，与毓贤等人会商策应。两江总督刘坤一也奉命派兵会剿。

大刀会只是一个有着松散组织的民间武术团体，激于一时义愤而抗教反洋。但它的势力尚不足与清廷的正规军相对抗。在李秉衡等人的大兵镇压下，大刀会成员死伤数百人，刘士瑞、曹得礼也分别于7月7日和11日被毓贤设法诱捕，遭到杀害。此后，大刀会起义转入低潮。

大刀会起义把清政府又一次推到外交上的难堪境地。列强每每会借民教冲突向清廷狮子大张口，勒索巨额赔款，使它难以应付。这一次，德国人也同样没有例外。经过一番交涉争执，最终还是由清政府责令地方当局送银抚恤各村受扰教民，建堂赔偿，具结此案。

虽然刘士瑞等人遭到杀害，由他们组织发起的大刀会反教起义也最终遭到了失败，但是，这次起义对山东乃至全国的反洋教斗争的开展和其后不久义和团运动的兴起和发展产生了极为重要的影响。很多大刀会成员在起义失败后转移到其他地区,并在各地点燃了反洋教斗争的熊熊烈火,成为各地反抗斗争的骨干力量。

3 安治泰相中山东

近代列强国家在中国的"保教权",一直掌握在法国人的手中。但是到了19世纪90年代,这种局面却被德国人打破了。这一切都与一个名叫安治泰的德国传教士有关。

本来,德国属于新教国家,罗马教皇是不容许它拥有在中国的保教权的。但近代以来,列强国家一直把在中国内地传教视作它们攫取在华利权的一个直接而有力的手段,绝不甘心让法国人一手独揽,于是纷纷向法国人发难。1878年,在教皇里奥十三即位之后,德国即出于攫取教权的目的向他示好。1882年,德国驻法公使向法国政府提出要求,声称自己须保护德国在中国的传教士。此后不久,德国驻华公使也向李鸿章提出此事。德国虽然是新教国家,但其经济实力的强大,使罗马教皇也不敢轻易地惹怒它,仅对它抱着一种拖延的态度。而此时,安治泰已经到中国山东传教了。

安治泰生于1851年,1879年被德国天主教圣言会派遣到中国。他先在香港学习了一年汉语,然后在山东烟台、济南等地活动。不久,即在山东南部建立了德国天主教会。1886年,德国人在山东建立教区,安治泰被罗马教廷任为主教。在山东传教期间，安治泰于1885年和1887年先后两次在山东兖州城内强买民房，修建教堂，遭到当地民众的激烈反对。为了达到目的，他又跑到北京，意图设法强迫总理衙门予以支持，但没有成功。

德国图谋从法国人手中夺取保教权，安治泰起了很大作用。凭着自已在山东多年的传教活动，安治泰认识到山东位置的重要性：山东省地处北方沿海，迫近中国首都北京。掌握了这一地区，足可使德国对清政府施以直接或间接的影响；山东东部沿海多有良港，海路通畅，可为德国海军提供非常完善的基地。一旦掌握这一地区，将来不论列强对中国采取什么样的政策，德国则都会处于主动而有利的地位。也正是基于这些考虑，德国决心从法国手中夺取这一地区的教权，安治泰更是积极从中推波助澜。

德国政府首先授意安治泰，让他写信到罗马教廷，向教皇提出德国人享有山东教区保护权的要求。同时，德国驻华公使巴德阑也对教廷表示了极为强硬的态度。在德国咄咄逼人的态势下，法国外交部首先作出妥协；罗马教廷本不敢开罪法国，此时见它自己先作出让步，这才作出一种表面看来两方都不得罪的处理：让安治泰代表德籍在华传教士，挑选是让法国保护还是让德国保护。这岂非正中德国政府和安治泰本人的下怀，其结果自是不言而喻了。

安治泰在致教廷的信中诡称：德国是一个新教国家，自己本不愿意接受它的保护。但是，德国政府向来对山东注入了极大的关切，如果自己违逆德国而选中法国保护的话，则德国就很可能会对他在山东建立的教会不利，在一些意想不到的方面为难他，从而使他在日后的布教活动中遇到麻烦。这同样是人人皆知的谎言：实际上，早在德国人向教皇提出教权要求之前，在华德籍传教士就拿着法国政府的护照为德国政府服务了。德国人终于如愿以偿了。1890年安治泰由中国回到柏林。由于他在德法两国争夺山东教权时的出色表演，德国皇室和政府在柏林隆重地接待了他。不久，安治泰正式向教皇提出了德国保护权。次年一月，教皇答应了他的要求。从此，山东教权正式落入德国手中，安治泰也由此声名显赫，俨然成了德国在山东的代表。回到山东后，安治泰又向清政府索取了三品以至二品顶戴，俨然与山东督抚并驾齐驱，分庭抗礼，煞有介事地做起了山东的太上皇。

中日甲午战争中国的战败，使列强进一步认识到清政府的懦弱无能，进而认识到在中国攫取更大利权、瓜分势力范围的时机已然成熟。英、法两国首先在中国西南地区展开了激烈的争夺。

1897年2月4日，清政府总理衙门大臣李鸿章与英国公使窦纳乐签订《续议滇缅条约附款》和《西江通商专条》，将中国云南南部昔马、科干等处划归英国，南坎地区则由中国永远租给英国，使中国丧失了西南边境的大片领土；开放西江通商；中国政府事先未经与英国商定，不得将江洪地区和孟连地区让与他国；中国将来如在云南修路，允与缅甸铁路相接；等等。通过这些条款，英国大大加强了它在中国西南地区的势力，同时也阻挡了法国势力向西扩张。

法国人在与德国人争夺山东教区的保护权时遭到了失败，这时自是不甘心受到英国人的又一次压迫。法国驻华公使施阿兰向总理衙门表示了强烈的不满，极力反对清政府与英国签订的这两个条约，同时要求清政府给予法国"补偿"：法国除了向中国政府索取筑路、开矿等新的特权外，还提出海南岛及粤东海岸不得让与他国屯煤的要求。清政府终于屈服于法国的淫威，被迫接受了它的要求。1897年3月15日，总理衙门照会法国使馆，正式承认不把海南岛让于其他国家，法国人的要求终于实现，施阿兰为此得意洋洋。

清政府对某一国家所宣布承认的所谓不把某一地区割让其他国家，也就意味着承认这一地区为该国家的势力范围，路权、矿权乃至领土主权等，都已事实上为该国掌握，中国政府再也无权予以行使。这一用19世纪末典型的中外关系外交辞令表述的恶劣做法，使得西方列强瓜分中国的狂潮初现端倪。

西方列强在中国争夺利权时，有一种无耻的索取补偿的理论：如果某一国家通过不正当的手段从中国取得了新的特权，那么，其他列强就会向清政府叫嚷着它们在中国的势力均衡被破坏了，清政府必须给予"补偿"，以建立所谓新的"势力均衡"。但是，这些国家会在索取补偿时向清政府提出更为苛刻的要求，而这些要求一旦被清政府接受，则又会成为其他国家提出进一步侵略要求的借口。这是一种典型的强盗逻辑，正如一个强盗抢夺了一个人的财物时，另外一个强盗会走将过来，对被抢的人说："为了获得补偿，你也得让我再抢你一次！"于是中国就这样在这群强盗的轮番抢夺下，一步步堕向灾难的深渊。

这时，德国人又相中了山东胶东半岛的胶州湾。

胶州湾一带，历来就是军事要地。鸦片战争前后，各国兵舰时常侵入中国沿海，胶州湾一带一直处于动荡不安的局势中。中法战争期间，法国就扬言要由胶州湾一带登陆北上，进犯北京。后来，列强的兵舰、间谍屡屡潜入这一地区进行勘查，每每称该处是中国沿海第一良港，最宜建立海军基地，对之皆垂涎三尺。虽然有人上书清廷建议经营该湾，但最终未被采纳。直到1891年，清政府才调登州镇总兵章高元领兵四营进扎胶澳。甲午战争中，北洋海军基地威海卫被日军攻破。此时清政府虽然有心经营胶州湾，但已是力不从心了。

德国政府早就有心占领胶州湾。早在1869年，德国著名的地理学家李希霍芬第三次来华旅行，通过实地考察，他认为胶州湾是中国最为重要的门户。德国如果图谋自己在远东地区之势力的发展，必须占领胶州湾。1870年，德国首相俾斯麦就曾给其驻华公使李福斯下达过命令，要求他设法在中国的沿海夺得一个海军基地。中日甲午战争期间，德国政府企图在中国沿海霸占港湾的阴谋愈益公开化。1895年，德国驻华公使绅珂向总理衙门提出了割让一个海军军港的要求，遭到拒绝。在此后的两三年间，德国又屡屡利用各种机会和途径，向清政府提出同样的要求，皆遭婉言拒绝。于是，它便积极地准备采取军事行动。

1896年8月，德国远东司令蒂尔匹茨奉其本国政府之命，在胶州湾沿岸及山东半岛进行实地勘查。他得出的结果是，胶州湾有多种优点，最适宜建立海军基地，应该由德国海军加以占领。当时天津海关总税务司德璀琳也附和他的意见。德璀琳在写给德皇威廉二世的报告中说，胶州湾有着优越的自然条件，港湾良好，附近有丰富的物产和矿产资源，交通便利，气候宜人，又是渤海湾的门户，战略地位极为重要，建议政府迅速占领该湾。蒂尔匹茨的建议和德璀琳的报告引起了德国政府的重视。它派出水利工程师福兰西斯来华，对胶州湾的地理、气候、物产、人口等各方面进行详细的调查，并拟定了计划，以作为"日后建设的基础"。1896年11月19日，德皇威廉二世召开御前会议，正式决定占领胶州湾。不久，占领计划即在德国首相霍亨洛的报告中形成，并递交给了威廉二世。霍亨洛在报告中告诉威廉：我们唯一可循的途径就是等待中国人先给我们报复的理由，然后占领海湾，作为抵押品，同中国人进行交涉，向它的政府提出极端苛刻的条件，以达到割占该地的目的；而且，我们应该深信，根据过去两年间的经验，利用在华传教士的问题，我们在不久的将来，很快就能找到这样的机会。这一报告深得威廉的赞许。

在霍亨洛所说的机会还没有到来之前，德国人决定首先从外交入手。它分析了列强国家对其占领胶州湾的态度，作出这样的一番估计：英国对此事不会有太多的反对；法国也许会由于山东教权的问题而有些小小的麻烦，但还是能够解决；主要是俄国，它在中国手伸得很长，对德国的这一想法很可能会表示强烈的反对，而且，清政府曾经允许它的舰艇在胶州湾停泊过冬。所以，德国决定，其最大努力应该在于谋求俄国对它的谅解和支持。

1896年，德国派遣海靖来华就任公使。到北京后，海靖首先拜访了俄国驻华公使喀西尼，对其表示，在中国问题上，德国的利益没有一点与俄国的利益相冲突，同时他还向喀西尼透露了德国欲占胶州湾的意图。威廉二世也亲自跑到俄国去试探沙皇的意图，与尼古拉做交易。他向尼古拉询问："沙皇陛下，贵国是否真正地想拥有胶州湾，这将与本国的一项重要决策有着极大的关系，我恳请陛下能给我一个确定的答复。"

在对华权益问题上，尼古拉是非常敏感的，德皇不辞辛劳地跑到俄国，向他提出胶州湾的问题，其深意当然是不言而喻的。尼古拉向他表示："陛下当然知道，本国早在两年前就已从中国人手中取得了在胶州湾的停泊权，而且我们也知道它是一个非常重要、十分优良的天然港。所以本国在中国取得新的港湾之前，我想是仍要保留我们军舰的出入权的。"

"那么，如果敝国舰艇在必要时，并且在事先得到贵国海军当局的同意，在湾内停泊，不知陛下对此是否感到不便？"德皇又问。

尼古拉从威廉急切的态度中知道，德国人迫切地想占领胶州湾,他向德皇作出了否定的许诺。不过,他又向廉威表示:"在对待中国的一些问题上,本国向来都希望能够得到贵国政府的支持。比如,本国一直想在中国的辽东半岛上获得一处军港,想来是不会对贵国的利益有所损害吧?"其实,尼古拉是在暗示威廉,如果德国能够支持俄国的要求,则俄国将不反对德国对胶州湾的占领。

威廉二世向俄皇表示:"本人及敝国政府对贵国在中国东北地区的权益有着深刻的理解。在对中国的问题上,我们愿意做出我们力所能及的效劳。"

这样,俄、德两国国家元首就中国的神圣领土胶州湾达成了一项肮脏的协议,德国人也在俄国人的这番表态下加强了武装占领胶州湾的决心。

1897年11月1日,是天主教的诸圣瞻礼节,德国的两位传教士韩理和能方济在山东曹县巨野磨盘张庄被杀,巨野教案发生。11月6日,消息传到柏林,德国政府为之振奋,这就是他们盼望已久的中国人给他们提供的报复的机会。此时,安治泰正在柏林滞留,他得知消息后,当即向德国政府建议说:"我们现在正好利用这次机会占领胶州湾,它对我们在各个方面都是一个最好的、最能发展的据点。"他还急急谒见了威廉二世,鼓动说:"如果我们德意志帝国真的想在东亚取得一块真正属于自己的属地,并重新巩固我们行将扫地的威信的话,这就是最后一个机会,我们不应该把这天赐的良机放过!"

威廉也喜不自胜地对大臣们说道:"中国人终于给

我们提供了期待已久的理由和事件,我决定立刻动手。"他传谕外交部说:"我刚才在报上读到了山东省内受我国保护的天主教徒突遭袭击的消息,舰队必须采取积极行动,报复此事。如果中国政府方面不能立即以巨款赔偿损失,并实力追捕、严惩祸首,舰队必须立刻驶往胶州,占领该处现有村镇,并采取严重的报复手段。我决定要以极严厉的、必要时并以极野蛮的行为对付中国人。"他甚至还声称:"几百个在中国的德国商人将为之欢欣鼓舞,上千的德国教民将为之扬眉吐气,成千上万的中国人将为之发抖,而全德国人民将为他们的政府做了一次英雄的勾当而感到光荣和自豪。"当天,威廉二世即电令德国远东舰队司令蒂尔匹茨,责令其率领全部舰队驶往胶州湾,占领那里适宜的地点和村镇,并用合适的方法向中国人勒索"完全的赎罪"。

德国人终于向胶州湾伸出了罪恶的黑手。11月10日,蒂尔匹茨在经过悉心准备后,率领德国远东舰队离开上海北上,13日上午到达胶州。14日,德舰入湾,海军陆战队强行登陆,砍断清军电线,抢占山头要隘,挖沟架炮。胶州守将章高元要求抵抗,但得到清政府的命令却是:"敌情虽迫,朝廷决不动兵。"清政府只是觉得自己理亏,全然不敢承担起保卫国土的神圣职责。至12月17日,清军全部从胶州湾撤退,德军轻而易举地占领了胶州湾及沿岸各地。

德国霸占胶州湾、进而向山东伸展魔爪的阴谋终于实现。

4. 威廉成了始作俑者

武装占领胶州湾之后,德国政府又从外交上向清政府施加压力,企图使自己对胶州湾的占领合法化。清政府本希望得到俄国人的帮助,从中进行调解。但是,威廉和尼古拉之间早有协议,清政府的这一想法只是痴人梦呓。英国、法国、日本等国虽然对德国的行为有所不满,但是它们也正可借此事端,寻得在中国劫夺新的利权的理由,自是任随清政府的乞求而不加理睬。清政府处于孤立无援的境地,不得已,只得接受了德国提出的处理巨野教案的方案和租借胶州湾的要求。1898年3月6日,李鸿章等人代表清政府与德国签订了《胶澳租借条约》。通过这一条约,德国强行租借了胶州湾,并攫取了在山东境内修路、开矿、投资、驻兵等特权,山东省变成了德国的势力范围。

德国人强租胶州湾,拉开了列强瓜分中国的序幕。虽然中国经列强数十年武装侵略的打击而衰弱不堪,但是在侵略者眼中,中国广袤的土地、丰富的矿产、巨大的市场、低廉的劳力,都是难得的财富。现在这个国家的政府已然容许了列强对她的瓜分,这个国家也露出了自己布满伤痕的胸膛,再也无力逃避强盗们的屠刀了。真是千载难得的机会!列强自是不甘放弃。它们磨牙吮血,要对中国苦痛的机体进行肆无忌惮的宰割了。

在侵略中国的问题上,俄国永远比其他国家都要迅捷而有力得多。在德国占领胶州湾后不久，1897年12月14日，俄舰以"助华"为名驶入旅顺口。但是，俄国在胶州问题上，并没有作出调解帮助的实际行动，使清政府觉察到俄、德两国是一个鼻孔出气：德国只不过是俄国的前驱，俄国正是紧步德国后尘而来的又一个强盗而已。没有错！当中国驻俄公使许景澄向沙皇询问俄舰驶入旅顺口的意图时，尼古拉只是含糊其辞，左推右挡。次年3月3日，俄国驻华公使巴布罗福照会总理衙门，正式提出了租借旅顺、大连和修建中东铁路南满支线的要求。他以最后通牒式的口吻向清政府宣称："限五日照复。"清政府眼见被自己一向认作"盟友"的俄国翻脸相逼，只得向英国和日本求援，均遭到拒绝。清政府再一次屈服于侵略者的压力，1898年3月27日，李鸿章等与巴布罗福分别代表中、俄两国在北京签订了《旅大租地条约》。此后，许景澄等在俄国彼得堡与俄国外交部继续谈判，并于5月7日签订了《续订旅大租地条约》。通过这两个条约，俄国以租借的名义强占了中国辽东半岛南端的大连湾、旅顺口及其附近水域，同时获得了在中国东北修建铁路的侵略特权；为了防止其他列强国家对中国东北地区的插足，条约还把租借地以北的广大地区划归为"中立区"，这一地区的土地及东西两侧的通商口岸、路矿权利等，中国不复让于他国。这样，俄国把中国的整个东北地区攫为自己的势力范围。1899年，俄国政府又擅自把租借地改称为"关东省"，设立总督，在这里实行殖民统治，企图永久地把中国的神圣国土分割出去。

　　法国也紧随俄国之后，急起直追，谋求在华南建立其势力范围。1898年3月13日，法国驻华代办吕班向总理衙门提出要求，就云南、广东、广西诸省作出不割让给他国的保证，同时允许法国由越南境内修建一条铁路支线直通中国的云南省，并由法国人管理中国的邮政。不久，吕班又向总理衙门提出了租借广州湾的要求。4月10日，清政府照会吕班，同意不向他国割让云南和两广，并租广州湾给法国。这样，广大的华南地区就成了法国的势力范围。

　　甲午战后，日本跻身于列强之列。从中国勒索的巨额赔偿，为其经济和军事的发展注入了强大的动力。但是1895年的俄、法、德三国干涉还辽，使它在屈从中意识到自身的实力还远远不能与西欧列强对抗。所以，在甲午战争之后，日本大力发展军事工业，大规模扩建海军。到1898年，其陆军由战前的7万人增至17万人，海军舰艇的总吨位也增加了近40倍。这一切，都为其日后进一步对中国侵略，同欧洲列强在中国大陆进行角逐提供了条件。当此西方列强对中国肆无忌惮地进行瓜分之际，日本政府一见有机可乘，乃决定进一步扩大它在中国的侵略权益。1898年4月22日，日本驻华公使矢野照会清政府总理衙门，正式要求清政府不把福建省割让或租给其他国家。他还威胁说，如果中国政府加以拒绝的话，则日本不得不认真考虑一下应该采取的手段，中国则必须对由此产生的一切后果负责。清政府是被日本打怕了的，对于它的这一无理要求同样是不敢相拒,当天即照复日使,福建省不让于别国,承认福建省为日本的势力范围。同时,日本还取得了在福建省修建铁路的优先权。次年,日本政府又逼迫清政府与之签订了《煤铁互售合同》,向湖北汉阳铁局和大冶铁矿渗透其势力,并通过修筑跨越福建、浙江、江西和湖北四省铁路的计划,扩大它对华中、华南的影响。与此同时,它还始终把侵略的目光盯向中国东北的广大地区。

俄、德、法、日等国在中国强占租借地、瓜分势力范围的活动,愈演愈烈,无可遏止,英国的在华优势受到极大的削弱。尽管如此,英国作为第一个敲开中华帝国大门的入侵者,在这列强瓜分中国的盛宴上,又岂甘向隅独坐?1898年初,英国强迫清政府同意不把长江流域诸省抵押、租借或割让给他国,开始着手建立它在长江流域的势力范围。同时,英国还分别于1898年6月9日和7月1日逼迫清政府签订了《展拓香港界址专条》和《订租威海卫专条》,强行租借九龙半岛和威海卫,分别作为它在南方与法国对抗和在北方与俄国对抗,维护其侵华霸权的基地。英国还向清政府提出,当英国还居于列强对华贸易之首位时,中国海关总税务司的职务则必须由英国人担任,欲图借此达到操纵中国财政大权的目的。

意大利也不甘寂寞。1899年3月初,意大利驻华公使向总理衙门提出租借三门湾、承认浙江省为其势力范围的要求。但是由于日本的强烈反对,其要求遭到清政府的拒绝。接着,它又企图获得修建从三门湾到杭州的铁路权,也同样没有得逞。

列强在中国瓜分势力范围时,因相互间的利害冲突使它们的竞争异常激烈,矛盾也非常尖锐。但是由于当时任何一个国家都无实力在中国建立独占的霸权,其他国家同样也不允许某一个国家在中国谋求建立起这种霸权,它们只能从中寻求一种相互的妥协。1898年9月,英国承认了德国在山东和黄河流域的权利;德国也立即承认了英国在长江流域和山西的权益。1899年4月,英、俄两国也就在中国投资及铁路建设的地区划分问题上达成妥协:英国不在长江以北地区谋取铁路的"租借权",且不阻止俄国在这一地区的租借权;俄国对英国在长江流域也相应地作出同样的承诺。这样,在瓜分的盛宴快要完毕时,众强盗酒足饭饱,开始弹冠相庆了。

在瓜分中国的盛宴中,美国来晚了一步。但它别出心裁,采取了和其他国家不同的侵略政策。

1880年以后,美国的工业生产超越了英国,位居世界首位。从此,美国的垄断资本家便野心勃勃地开始了海外殖民地的开拓。1898年,美国在对西班牙的战争中夺取了关岛和菲律宾,并进一步把侵略目光转向了中国。最初,美国政府也企图在中国建立起势力范围和租借地,但它毕竟来晚了一步,肥田沃土已然分尽,自己再无可捞之地。于是它审时度势,最终决定凭借其在经济上的实力,在"机会均等"的竞争中建立起自己在华的霸权地位。从1898年9月到12月,美国国务卿海约翰训令其驻英、俄、德、法、日等国大使，向各所驻国政府递交了同样内容的"门户开放"照会，它以承认列强各国在华的势力范围和既得利益为前提，要求在列强的势力范围和租借地内实行同等的关税、港口税和铁路运费，借此谋求美国在列强的势力范围和租借地内享有与各国平等的待遇。

列强在中国角逐，每每会引起纷争，虽欲妥协而不获成功。此番美国提出了"门户开放"的政策，便给列强提供了一个共同妥协的方案。经过利害斟酌，英、俄、德、法、日、意等国都作出反应，对美国的这一主张表示赞同。从表面上看，美国在中国没有捞到一块"势力范围"。但在实际上，它的侵略触角却伸进了各国的势力范围之内，每个国家在华势力范围都成了美国的势力范围。虽然美国一再宣称门户开放政策的实行是为了避免列强瓜分中国，维护中国的领土完整和主权独立，但是，正是这一门户开放政策，使中国领土的完整和主权的独立更加沦丧，中华民族愈加向灾难的深渊滑进！

这样，在19世纪90年代的最后几年里，中国的大部分领土沦陷为列强的势力范围：英国霸占着长江流域的平原地带和两广的一部分地区，强行租借了威海卫和九龙半岛；俄国占有着东北三省的大片土地，租借旅顺和大连湾；德国霸占着山东，强借胶州湾；日本则占据着福建省；法国获得了云南和两广的另外一部分，租借着广州湾；美国则通过其与列强达成的妥协，把其侵略目光盯向整个中国。此外，列强还通过逼迫清政府与之签订的一系列不平等条约，在中国展开了路权的争夺。角逐的结果：英国得到2800英里的筑路权，俄国得1500多英里，德国得720英里，比利时得650英里，法国得420英里，美国则得300多英里。随着铁路的延伸，列强把其侵略的触角伸向中国领土的每一个角落。而这一切，都是德皇威廉二世这个始作俑者引起和促成的。

豆剖瓜分的惨象，终成事实，完整神圣的中华国土，被列强分解的支离破碎，中华民族遭受着千百年来最大的耻辱。忍看壮美山河，惨遭厄运；何堪华夏儿女，备受蹂躏。古老而文明的民族，又怎能不昂首向天，厉然长啸，呼唤骤风暴雨的来临，冲刷这无尽的耻辱，涤荡这太多的罪恶。

二 设厂聚义 朱红灯森罗扬威

冠县十八魁

山东省冠县梨园屯一带（今属威县），是外国洋教势力入侵较早的地区之一。梨园屯又叫李阁屯，为冠县在直隶境内的一块"飞地"。此地旧称"冠县十八村"，是指当年该屯共有18处村庄；后来又增加了6个村，因此，实际上共有24个村。全屯共有居民一万余户，素称殷实，孤悬山东境外，距冠县城130余里，与直隶的曲周、威县毗连。

梨园屯原有义学一处，占地38亩。乾隆年间，乡绅李成龙捐出闲宅1处，约3亩多地，由村民集资在此建起了一座玉皇庙，作为本村和四乡民众敬神赛会的场所。梨园屯本有神庙多处，观音庙、土地庙、二郎神庙、奶奶庙等无所不有，然论其规模之大，皆无法与此玉皇庙相比。这里的村民信神之风颇盛，对道教诸神皆顶礼膜拜，对玉皇大帝更是最为崇拜，认为他是天地三界、六合八极之最高尊神。据当地传说，昆仑山上有三道龙脉，一道向北注入黄河，乃出了中国儒家至圣先师孔圣人；一道向东注入长江，便出了道家鼻祖太上老君；另外一道则向南注入印度河，于是又出了释家之祖如来佛。所以，梨园屯的玉皇庙又分前后两殿，前殿供奉着玉皇大帝；后殿供奉着太上老君、孔圣人和如来佛祖。一庙之中，三教至尊皆受供奉。所以，在村内各庙中，玉皇庙的香火最盛。每月初一、十五，善男信女即从四乡八里赶到这里参拜，神庙之内，香烟缭绕，经日不绝。每年的正月初九，为一年一度的玉皇神会，更是热闹非凡。

第二次鸦片战争之后，外国传教士纷纷窜入中国山东境内建立教堂，许多教堂进而成为列强的侵华据点。到光绪年间，仅在山东和直隶交界的威县、冠县一带方圆百里的地面上，就建立了大规模的教堂二十多处。外国传教士视不平等条约为护身符，视中国地方官民为臣民，践踏中国法律，勾结地方上的封建势力，横行霸道，鱼肉乡民。他们以传教为幌子，拉拢、引诱一批土霸恶绅、流氓无赖加入洋教，充当其爪牙。这些教民更是狐假虎威，借洋教为靠山，在地方上霸占田产，欺压百姓，无恶不作。因此，这里村民们的反洋教斗争此起彼伏，民教纠纷日甚一日。

梨园屯信奉洋教之人既多，他们也想在这里建立一座教堂，乃看中了玉皇庙地。到咸丰末年，由于连年受到兵火之灾，梨园屯义学废弃，庙也坍塌，村民们无力兴建，也只得任其荒废。屯中教民们乘此机会，提出分庙之议。他们向庄首表示，自己只希望得到玉皇庙地，至于义学及学地田产则全归村民。村民们认为，教民们分庙不分地，一不能打粮，二不敢拆庙，分开也罢，同意了教民们所提出的分庙不分地的办法。

1869年3月，经庄首左令臣、刘长安等人与村民、教民代表商议后，将义学庙地分作四股，各归村民和教民所有。但是，教民在分得了玉皇庙地基后，却献给了法国天主教会，拆庙盖堂。这一举动立即激起了全体村民的公愤和反对。他们认为，玉皇大帝乃天地三界间最高尊神，理应受到人们的尊崇。虽然现在由于久罹兵火之灾，暂时无力修葺，但是对这位天地至尊的敬拜之心却不能有丝毫的减弱。分庙分地本为不得已之举，但是终有一天，还得在这地基上重新建起玉皇神庙，岂能容得教民们把它拱手让于洋人，兴建什么洋教堂。于是全体村民自发组织起来，不等洋教堂建好，即将其拆毁，并在原来的地基上重新修建玉皇庙。教民们原本不把村民们放在眼里，更仗自己有洋教会为靠山，乃坚持庙地为自己所有之地产，在上面建立洋教堂是自己的事，任由何人也管不着。于是双方相互争执，各不相让。自此以后，梨园屯的民教之争便围绕着庙堂之争而展开：教民们拆庙建堂，村民们拆堂盖庙，双方迭相拆修，相持不下，一争就是十好几年。

1886年，法国神甫梁宗明来到梨园屯传教，他又一次看中了玉皇庙这块地方。梁宗明唆使一无赖教民，佯装给他银子买地盖堂。该教民按照梁宗明的意思，一口咬定玉皇庙是自己买下的庙地。于是，在梁宗明的指使下,由神甫王老尊、阎振东等纠集了三四十人,再一次强占庙地,拆庙造堂。

洋教会的强行霸占,恰如火上浇油,在村民的心中激起了更大的愤怒。他们公推文生王世昌、监生左树勋、武生阎得胜、贡生高东生以及蒋老亮和刘老太等6人,前往冠县城向知县大人申诉。知县何世箴虽然明知是洋教会恃势欺民,但却屈服于外国人的压力,不敢秉公办理。公堂之上,何对梨园屯的6位村民代表严加斥责,并当堂革除了王世昌"文生"的功名,以为惩戒。王世昌等6人自是不服,义愤填膺地告到东昌府。但是知府洪用舟与何世箴是同一货色,对教会势力不敢开罪。面对王世昌等人的申诉,洪用舟竟在公堂之上直言不讳地对王世昌等说:"洋教会手眼通天,教民们勾通上司。你们所说的事情即便有理,我也管不了,就算是我想管,也不敢管。"

堂堂知府大人竟然在公堂之上说出这番泄气的话来,着实令王世昌等人大吃一惊。王世昌当堂向洪用舟反驳道:"知府大人,您身为一方官长,不能好民之好,恶民之恶,为民做主,翦暴除恶,又岂能为民父母?"

洪用舟被王世昌等的一席话驳得哑口无言,竟至老羞成怒,无理判处王世昌等3人各监禁半年。王世昌等人不服,向省府上诉,但是省府反把案子推回到冠县衙门。就这样,他们六人代表村民同洋教会打了两年多的官司,有的卖了地,有的变卖了家产,而庙产迄未收回。全屯村民为之愤愤不平,称之为"六大冤"。教会气焰却愈发嚣张，急欲动工兴建教堂。

梨园屯村民们有理无处讲，有冤无处伸，人人心中怀着一腔怒火。村中贫民阎书勤等人感到从县到省各级官吏都是畏洋如虎，再找他们打官司，终究于事无补，于是乃毅然决定号召村民武力护庙。他对村民们说："乡亲们，连当今的皇上都怕洋人，地方官府就更不用说了。我们不能再指望官府为我们做主。洋人洋教欺侮我们，拆我神庙，霸我田产，而官府却一味偏袒，不讲理，不论法，我们告到哪里也没有希望。就让我们自己来与洋人洋教讲理论法吧，我们的理和法就是拳头，就是武力，我们自己直接用武力把庙地给夺回来。如果洋人敢于出面干涉，就让我们把他们杀死！"阎书勤的这一主张很快获得了许多村民的支持。

阎书勤，生于1860年，为梨园屯本地人，出身贫农，幼时习练红拳，武艺精娴，在当地素有"大刀阎书勤"之称。他平日里嫉恶如仇，爱打抱不平，在村民之中很有威信。当他向村民们号召以武力护庙时，立刻有高元祥、阎书太、阎书嘉、阎仕和、高启山、刘福如、刘保玉、蒋忠山、蒋建青、李老兆、阎明鉴等17位村民响应参加，加上阎书勤本人共18人，当时被村民称为"冠县十八魁"。虽然后来参加武力护庙的村民越来越多，但"十八魁"的称呼沿用了下来。白天，洋教民们拆庙建堂，到了晚上，十八魁以拉鞭炮为号，听到响声之后，就动手拆堂盖庙。就这样，双方你拆我建，我盖你拆，又相持了十年之久。

"冠县十八魁"的武力护庙,迫使教会只得暂停修堂。但是民教构怨,愈积愈深。冠县知县何世箴生怕事态扩大,自己落得个"弹抚不力"的罪名,乃于1892年亲至梨园屯,邀集四乡及邻县曲周、清河、威县的士绅40余人为民教双方调解。教会方面寸步不让,坚持要在玉皇庙基上修盖教堂。何世箴屈于洋教势力,答应了教会的要求。同时,他为了缓和民愤,答应给王世昌等6人白银300两,制钱1000串,让村民在村南另外购买地基重修玉皇庙,建立义学。王世昌等6人经过多年的奔波,觉得如此解决未尝不是一种结果,也只得答应了下来。但是阎书勤等十八魁却不为所动,他们质问何世箴:"庙是本村的庙,地是本村的地。洋教会有什么理由,硬是要拆我们的庙,霸占我们的田地呢?我们非在原地基上盖庙不可!"这样,知县大人的亲自出马,也没有能把梨园屯的反教会斗争压制下去。

1893年春天,洋教会又在原庙基上修建教堂。十八魁便同往常一样,率众拆毁教堂,夺回庙基,重建玉皇庙,并派专人轮流守卫。洋教会借机要挟,诬陷十八魁图谋造反,告到东昌府,并开枪向前往辩论的群众射击。十八魁怒不可遏,也还以颜色,开鸟枪回敬对方,并把武器集中到玉皇庙,准备与教会拼斗。双方你凶我狠又相持了两年,到1895年,东昌知府洪用舟怕民教相争酿成巨患,亲率清军开往梨园屯,强行拆毁玉皇庙,把庙基交给了洋教会。之后,洪用舟还留下一支清军驻扎在梨园屯,为洋教会撑腰,镇压十八魁的反抗斗争。

阎书勤等十八魁眼见官府居然派军驻扎,强为洋人出头,甘心沦为洋教会的走狗,不禁勃然大怒,但又觉得自己力单势孤,不足与荷枪实弹的清军和穷凶极恶的洋教相抗衡。于是,他们决定前往直隶威县的沙柳寨,与那里的另一位反洋教英雄赵三多联络,希望与他联合起来,给洋教和官府以有力的回击。

2 梅花拳成了义和拳

直隶威县沙柳寨距梨园屯仅只七八里之遥。阎书勤主动前来与赵三多联络,终于使得早已决心扫灭洋教、驱逐洋人的赵三多高高举起了反洋教的旗帜,揭开了义和团反帝爱国运动的战斗序幕。

赵三多,字祝盛、洛珠,人称赵老祝,直隶威县沙柳寨人,道光二十一年(1841)四月初六日生。赵三多自幼家境赤贫,仅有土房一间半,药地四五亩。全家六口人,膝下有三儿一女,靠打长工做短工维持生计。他青年时曾扛过活,后又到银匠铺当过学徒,中年时作过卖盆盆罐罐的小生意。年轻时赵三多生性尚侠,喜爱习武,在给人扛活期间结识了梅花拳师,练就了一身好功夫,属梅花拳第五代传人。他为人豪爽仗义,喜交天下志士豪杰。到50多岁时,收有弟子3000余人,授艺教拳,抱打不平,在其本县和邻县享有极高威望,深受当地群众的尊敬。

赵三多出生于第一次鸦片战争爆发后的第二年。

他生活的时代，正值中华帝国的大门被列强用坚船利炮打开，中国社会开始半殖民地化，中华民族的危机日益严重的时候。清政府卖国苟存，广大民众生活于水深火热之中。特别是1895年中日《马关条约》签订后，清政府为了支付巨额的战争赔款，把沉重的赋役和苛捐杂税强加于劳动人民的头上，以厌列强无止的贪欲，广大民众无以聊生，走投无路。赵三多目睹着国家的步步衰落、民族危机的日益加重和人民苦难的一天天加深，逐渐产生了"排满兴汉"的激进思想。

然而，赵三多面临的是穷凶极恶的敌人。他深知，仅以一己之力是无法与手持洋枪洋炮的列强侵略者和倚列强为靠山的清政府军队相对抗的。所以，他试图说服自己的师兄们与他一起，共同赴义，驱逐列强，打倒清王朝。光绪二十一年（1895）赵三多把师兄李老岳和赵老安请到沙柳寨，想说服他们二人领同自己的弟子，共同进行反清起义。赵三多对两位师兄说道："两位兄长，现在满人朝廷不能守卫疆土，驱走洋人，反而屈膝投降，任由洋人在我们的国土上横行践踏。我们老百姓已被洋人和官府榨尽了血汗，再不起来反抗就没有活路了。所以今天我把两位师兄请到家中来，是想请您二位与我一道，共举大旗，反洋排满，把洋人赶走，把满清官府推倒，让咱百姓们有个安稳日子过！"

李、赵两位师兄一听赵三多此言，大吃一惊，心想这不就是要造反吗？他们赶紧劝说赵三多千万不要蛮干："师弟，我们梅花拳的祖师们，自明末清初开始传道至今，已有二百多年了。文的烧香，与人治病祈福；武的练拳，强身壮体，从来没有公开造反，与朝廷为难的。你要遵守拳规，强身保家，切不可心存邪念，致令前辈祖师创下的基业毁于我们这一代手中；再者说来，国家危难，百姓遭殃，也不是你我数人之力就能挽救了的，你如果蛮干，很有可能招致杀身之祸。"

赵三多心意已定，他见两位师兄无意同自己一起干，也不勉强。他对二位师兄说："官府肆虐，民不聊生，难道我们平民百姓只能像现在这样，任由洋人欺凌，听凭官府压榨吗？有道是人各有志，二位师兄既然不干，我也不强求你们。不过我心意已定，二位师兄也勿再多言。从今以后，你们还叫你们的梅花拳，我把自己的这一支改称为义和拳，这样也不致会连累你们。我也许会遭到失败，到时还望两位师兄多加援手！"

没有能说服师兄与自己一起干，赵三多也不气馁，这一年，他把自己领导的一支梅花拳改名为"义和拳"，广招弟子，授拳习武，组织力量，开始不断地与清政府地方官吏和洋人教会势力进行斗争。他还利用扛长工、打短工之机，奔走于永年、临清、威县等地，与当地的梅花拳首领进行联络。当时，在直隶的永年、平乡、邯郸等地，有一支由赵三多师弟朱九斌和刘化龙率领的梅花拳，也以治病为掩护开展活动，发展力量，并以"灭满兴汉，反清复明"为口号，策动这一地区的梅花拳起义；广平的姚洛奇也在这时主动与赵三多联合，并且与刘、朱两人取得联系，义和拳的声势由此越来越大。短短的一年时间，义和拳发展起一支号称具有十万之众的民间武装力量。

当赵三多组织和发展义和拳力量，准备进行反抗斗争的时候，也正是冠县梨园屯十八魁反洋教斗争十分激烈的时候。对于冠县十八魁的反洋教斗争，赵三多早有耳闻，他对阎书勤等人的勇敢斗争非常赞许。但考虑到梨园屯虽然深处直隶县境，却属山东冠县，而自己所处的沙柳寨属于直隶威县，二者虽仅隔七八里地，但却是两省地界，自己不便直接参与。阎书勤主动前来联络，并拜赵三多为师，改习梅花拳，一再请求赵支持梨园屯的反洋教斗争，终于取得了赵三多的同意。

梨园屯自有清军驻扎后，不法教民更是有恃无恐，肆无忌惮了。他们不仅变本加厉地对当地村民进行欺压，而且扬言要捉拿赵三多和阎书勤等人，气焰十分嚣张。赵三多此时已是号称十万义和拳众的领袖，被教会的挑衅激得怒火直冒。他想：洋教会不自量力，欺人太甚，不给他们点颜色看看，他们就不知道中国人是不好惹的。所以，他决定召集拳民"亮拳"比武，借此展示义和拳的力量，借以打击洋教会的嚣张气焰。

1897年4月21日（光绪二十三年三月二十日），赵三多、阎书勤将各自率领的义和拳众会合，在梨园屯大摆擂台，同时召集四乡拳民前来亮拳比武。消息一出,方圆二三十里周围的拳民们纷纷赶到梨园屯,参加比武。他们个个短衣带刀,英武过人。驻扎在梨园屯的100多名清军见拳民人多势众,也不敢加以拦阻。梨园屯亮拳三天,到会的拳民达三千之众。一时之间,书院停课,钱粮停征,冠县知县何世箴去职,署事者不敢履任,义和拳在冠县四周声势大振。

梨园屯的亮拳集会,大大激发了拳民们的斗争热情,加强了梨园屯周围地区各路义和拳民之间的联系。从此以后,他们往来联络,散发揭帖,宣传反洋灭教,并经常约期集会,比拳较武,并以神灵附身、刀枪不入、能避炮火号召群众参加斗争。到这一年的下半年,义和拳在梨园屯周围已经发展成为一支相当强大的民间武装力量。

3 张汝梅要改拳勇为民团

义和拳势力的壮大,不仅给洋教会以沉重的打击,同时也极大地推动了全国各地的反洋教斗争,各省教案此起彼伏。洋教士们心惊胆战,纷纷致函各自保护国的驻华公使,请求他们向清政府施加压力,迫使清廷实力剿灭各地义和拳和大刀会起义;清政府也因山东、直隶等地义和拳的壮大和各地教案的纷纷发生而惊慌失措,不断发出谕令,责各省督抚实力弹压,同时一再饬令山东巡抚李秉衡,速把山东省境内的义和拳弹压下去,好使朝廷在洋人面前有个交待。李秉衡任地方官多年,曾经支持过毓贤对曹县大刀会的镇压,但在长期处理民教纠纷的案件中，他对于洋教会横行不法、仗势欺民的内情深有了解，他对洋教也极为反感，对下层民众的反教斗争怀有一定程度的同情。所以，他在山东巡抚任上，即曾多次上书朝廷，主张对地方上为非作歹的教民，不可屈从于列强势力而一意偏袒；对于洋教士们包揽词讼、干预民教纠纷的现象，也应严加禁止；对于那些不堪洋教欺压而起来反抗的义和拳民，也不应"一概剿捕"，主张但能悔过，则准其自新。但是，他的这些想法注定不能为朝廷接受，各国驻华公使更是对他群起攻击，逼迫清政府将其革职。不久，清政府迫于列强的压力，革除了李秉衡山东巡抚一职。

1897年底，清政府改任张汝梅署山东巡抚，并严令他对鲁省的义和拳严加弹压。然而，张汝梅上任不久，在自己办理民教纠纷过程中，对于教民恃洋教会为护符凌压乡党、欺侮平民的行为深有体会，也同其前任李秉衡一样，对于洋人在中国的国土上横行不法、欺人太甚十分不满。在处理民教纠纷案件时，他主张持平办理，遇事极宜设法维持，不可徒恃兵力。因此，张汝梅对义和拳采取先抚后剿的策略，一面陈兵冠县四周，佯作包围之势，一面派新任冠县知县曹倜前往梨园屯，招抚拳民。

1898年3月，赵三多、阎书勤再次传帖邀集邱县、威县和广平等县的拳众数千人，至梨园屯集会亮拳，并焚毁了附近的教堂。张汝梅闻讯后，即命东临道道员陶锡祺、东昌府知府洪用舟、临清州知州王寿朋、冠县知县曹倜和邱县知县李瑞琪五人，亲往冠县的干集村，召集四乡各村及邻近各县的士绅五十多人，商议处理梨园屯的民教庙堂之争。赵三多等人也被邀前往参加。五位官员因慑于义和拳的强大声势，只得将梨园屯原玉皇庙地基判还村民，并答应给教士们在村边另修一座教堂。同时，冠县知县曹倜还软硬兼施，一方面赠给赵三多一块"直良可风"的匾额，另加上廪生的功名，劝谕他解散徒众；一方面调集马队，向坚持斗争的姚洛奇部义和拳队伍发动进攻。曹倜还声称：如果赵三多不再聚众闹事，官府将为他置地造房，当场遭到赵三多的严词拒绝："我赵三多并非是聚众滋事，实由于洋教民恃势欺人，你们朝廷官府不能为民做主，反而一意袒护洋教，敢问居心何安！我识不得几个大字，当不得廪生的功名，我家的穷屋之下，也挂不开你们送我的这块牌匾！"言毕，把匾额撂在干集，愤然离开冠县，返回自己的家乡沙柳寨。

就在赵三多离开冠县的同时，清军马队开始向聚集在沙柳寨和梨园屯的义和拳发起进攻。当时广平的义和拳首领姚洛奇正在沙柳寨，他率领义和拳民奋起迎击清军，不幸被山东临清统领林元喜部逮捕，解往冠县后遭到杀害，梨园屯这块义和拳的斗争基地也遭到破坏。赵三多回到沙柳寨，闻得消息后，不禁悲痛欲绝。

由于清军的残酷镇压，义和拳的斗争遭到极大的打击。但是，义和拳民们没有屈服，他们都自发地转移到其他各县，同洋教会和清军进行着不屈的斗争，其中不少拳民在冠县和威县的交界地方，忽聚忽散，拆毁教堂，抗击清军。也有不少拳民仍然留在冠县，分散各处，坚持斗争。

张汝梅身任清政府地方大吏，对于自己辖内的民众斗争自是不能纵容。但是，在对义和拳进行武力弹压时，他也注意考察民众反抗斗争的原因。因此，他在派兵进剿的同时，也了解到义和拳的来历、起事的缘由和斗争的宗旨。这一年的6月30日，张汝梅上奏清廷，把自己半年多来处理山东省境内民教纠纷案件的经过以及自己所了解到的有关义和拳的情况向清政府报告。他在奏折中写道：直隶和山东交界的各个州县，民众大多喜爱习拳练武，各创乡团，原来名为义和，后来改称梅花拳，最近又改称义和拳。这些民间习武团体，早在咸丰和同治年间中国还没有教堂之前就已出现，原意是为了保卫身家性命，防御盗贼，并不是有意要与洋教为难。梨园屯一带的民教纠纷事件，实起于教民恃教欺民，构怨日深，而官府一意偏袒教民，遂致义和拳在此集会亮拳。现在冠县境内民教已然相安无事，梨园屯的教民们也都各自回家安居，再无冲突发生。只是眼下直隶和山东交界地区，拳民年多一年，他们往往乘逢场赶墟之时，比武较勇，亮拳集会。教民们心中惧怕，时传讹言，声称义和拳又将滋事云云。所以，官府也不能任由拳民自立私会，放纵不理，致为外人有所借口，时间一久也会酿成事端。所以，张汝梅在奏折中向清政府建议，由清廷责成各地方官吏，谕饬各地绅众，"化私会为公举，改拳勇为民团"，将义和拳民列入乡团之内，听任他们守家卫身，不准挟私滋事。如此办理，既能平息民众的不满情绪，也可以使得民教双方各有裨益。

张汝梅虽无意偏袒义和拳民，但是他的改拳勇为民团的主张，在客观上却为义和拳重新集结斗争力量提供了便利。这时，广平的朱九斌、刘化龙，山东的任寡妇和张老仙等各路义和拳首领也都纷纷来到沙柳寨，与赵三多联络，策划起事。密谋中，朱九斌和刘化龙二人又一次提出了"灭满兴汉、反清复明"的口号。赵三多则认为："现在主要的不是要灭满兴汉，要紧的是灭洋！洋人如虎似狼，在我们的国家欺压百姓，横行乡里，官兵也帮他们打咱们，他们的互相勾结才是我们平民百姓走投无路的根子。所以，要想反清，首先必须灭洋。"张老仙也说："朝廷与洋人勾结在一起，势力太大，如果就凭我们这些人去灭清灭洋，势如飞蛾扑火，自取灭亡。所以我们不如提出个'助清灭洋'，先不与朝廷正面为敌，这样，官兵也许会帮咱们的忙。等把洋人赶跑了，满人朝廷也就不攻自破了。"赵三多和朱、刘二人都觉得张老仙说得有理，也都同意了他的意见。

阎书勤等冠县十八魁这时又来到沙柳寨，邀请赵三多重返冠县，领导义和拳起义。赵三多毅然前往，与那里的高元祥、姚文起等人率领的义和拳众再次会合到一起。

1898年10月25日，赵三多和阎书勤等人，召集拳众二三百人，在梨园屯西北十余里处的冠县蒋家庄马场，树起了"扶清灭洋"的大旗，誓师起义。接着他们前往攻打冠县、临清交界处的刘村教堂和红桃园教堂，首战获胜。接着在此招兵买马，扩大队伍，然后迅即北上，经临清、曲周到达邱县。

山东巡抚张汝梅听到赵三多再次聚众起义的消息后，一面飞奏朝廷，一面调兵遣将，星夜出动，前往镇压。双方在威县的侯魏村遭遇，展开激战。义和拳民们凭借手中的大刀长矛，面对着手持洋枪的官兵们，毫不畏缩，奋勇杀敌。但是终因武器装备太差，抵挡不住官兵的凶猛攻势，伤亡惨重。赵三多率领部分拳民冲出包围，经曲周南下临清。一路之上，又有上千名义和拳民加入到起义队伍中来。张汝梅和直隶总督裕禄等人见到义和拳有不可遏止之势，不敢大意，一面派队追剿，一面饬令各地方官跟踪兜拿。赵三多在前遇堵截、后有追兵的情况下，在留善固村村南大场院内召集了义和拳众大会，向拳民们说明队伍眼下所处的境遇，决定暂避凶锋，蓄势待机。他将队伍分作两路，一路由他本人和姚文起率领，向直隶中部和南部地区活动；一路由阎书勤和高元祥等人率领，在直、鲁交界地区继续斗争。这样，赵三多等领导的这次义和拳起义，规模虽然不算太大，但直接震动了山东和直隶两省。从此，直、鲁等省的大刀会和神拳会等反洋教的民众武装组织，都自称为义和团。义和团反帝爱国运动由赵三多在蒋家庄发动的起义正式揭开了战斗序幕。

4 森罗殿神拳却敌

义和拳的兴起，声名远播，使得清政府又一次陷入了十分难堪的境地。虽然义和拳一开始即把斗争的矛头指向洋教会和帝国主义列强，但是清政府久已慑服于列强的淫威，更不能容忍下层民众有丝毫的反抗。因此，当义和团在山东和直隶等省蓬勃兴起的时候，清廷屡屡电令两省督抚严厉镇压。所以，在义和团与西方入侵者进行战斗的同时，也就不可避免地与清朝政府的军队屡有冲突。在义和团运动早期，与清军最为有名的一次战斗就是朱红灯领导的义和拳民在森罗殿与官兵的大战。

朱红灯，又叫朱逢明，原为山东泗水人。自幼家贫，父亲早亡，母亲被迫改嫁。稍长后略通医道，常自一人漂泊行医，以为生计。1898年黄河决堤，洪水泛滥，泗水沦为汪洋。为避水灾，朱红灯来到长清县大李庄舅父家中。可是当时长清县也连遭水灾，舅父本靠做小本买卖维持全家生计，不久因过度劳累而病逝。

朱红灯来到长清时，这里的一些地方已开始设场练拳，并出现了"兴清灭洋"、"拿洋教、保江山"等口号。这时朱红灯刚刚三十岁左右，正当年富力强，他面对洋人横行、官府无道和灾情遍地的黑暗现实，心中激起了无限的愤恨。于是他在大李庄拜李开全为师，学习神拳，同时以行医卖药为掩护，走乡串邻，宣传反洋灭教，号召乡民练拳习武，自卫家身。他自己也设场授徒，集结反洋力量。在他的奔走联络下，附近各庄都成立了神拳组织，参加的群众越来越多，朱红灯成了长清一带神拳组织的首领。他经常率领拳众攻打县境内的教堂，并对当地的土豪劣绅、恶霸地主予以清算。一时之间，义和拳在长清县活跃了起来。

1899年3月，朱红灯来到黄河北岸的茌平县五里庄，被各路神拳推为总首领。他一边在这里设场授拳，一边又以五里庄为基地，与各地拳众进行广泛的联系，宣传反教灭洋，号召人们练习神拳。他还与高唐、禹城等地的义和拳首领本明和尚等人取得联系，彼此联为一气，互为声援，在整个茌平县八百六十余庄中设下了八百多处拳场。4月间，在朱红灯的领导下，茌平县的神拳组织掀起了反洋教斗争。他们自编歌谣唱道："先学义和拳，后学红灯照，杀了洋鬼子，灭了天主教。"把斗争的矛头对准了洋人洋教。在朱红灯的带领下，茌平义和拳先后焚毁了梁庄、王相庄、马沙窝、八里庄、业官屯和姚张庄等处的洋教堂。

神拳的迅速发展，连茌平县令也无可奈何，只得对之采取宽容的态度。同年的5~6月间，神拳在张官屯制服了天主教势力，罚教民出资包班唱戏四天，各路神拳群众云集而来，较武比艺，热闹非凡，参加者达数千人之多。县令闻讯也赶到张官屯。在拳众的心目中，县官大人的亲自光临便是为神拳撑腰，顿时士气大振，神拳组织更由此得到飞快的发展。

这一年初夏，由于山东省内各民间武术团体全都改称义和团，神拳也即改叫义和团，有时也称神团。在斗争中，茌平义和团的力量迅速壮大，形成了两支重要的武装力量：一支即是由朱红灯和刘太清亲自领导的义和团，在以五里庄为中心的周边20多个村寨地区活动；另一支则是由本明和尚、王立言等领导的义和团队伍，活动在以琉璃寺为中心的茌平、高唐交界地区。

1899年4月，山东高唐州的神拳群众来到平原县杠子李庄和北堤，设场练拳，发展反帝斗争力量。很快得到当地群众的响应，人们纷纷加入义和团，平原县的义和团运动也逐渐展开。杠子李庄的李长水和北堤张泽成为当地的义和团首领，杠子李庄也即成为平原县义和团活动的中心。到9月间，平原县境内已经布满了拳场。

杠子李庄义和团的发展，使这一带的封建地主和洋人教士、洋教教徒深感不安。以教民李金榜为首的洋教会势力，蓄意向以李长水为首的拳民组织挑衅，致使双方矛盾日益尖锐，事端迭起。平原县令护教抑团，派兵围住杠子李庄，抓走了6名团民。李长水深知以一己之力，绝难与官府抗衡，所以他在突破清军的包围后，来到茌平琉璃寺，找到朱红灯，向他说明了杠子李庄神团群众的反教斗争情况及遭到官府压迫的情形，请求他率领义和团开赴平原，营救被捕的拳众，援助杠子李庄的义和团斗争。

朱红灯作为神团的总首领，闻听拳众被官府逮捕，不禁怒火中烧。10月，朱红灯率领高唐、茌平、长清等县的义和团众二三百人开赴杠子李庄。本明和尚则率领一支义和团队伍留在茌平县,以作后援。到了杠子李庄后,朱红灯立即传帖四方,邀集平原县各地拳场的义和团群众。两天之内,方圆七八十里之内平原、恩县两县的义和团众上千人,各自挟刀带枪,赶到杠子李庄。另外,从曹州一带辗转到鲁西北的大刀会群众五六百人,也闻讯赶来,参加到朱红灯领导的义和团队伍中来。

10月11日,平原县令蒋楷闻知朱红灯在杠子李庄传帖召集义和团众,图与官府对抗,乃亲率城防官兵和衙役数十人,扑向杠子李庄,拟借手中的精良武器,对义和团大开杀戒。朱红灯也早就作好了迎战准备。当蒋楷来到杠子李庄时,朱红灯一声令下,拳民们擂响战鼓,霎时间喊杀声震天动地。拳民们按照朱红灯的布置,四人分作一组,轮伏轮起,轮进轮退,与来犯之敌展开厮杀。朱红灯则头带大红风帽,身着红服,手执红色令旗,指挥拳民战斗。在他的身旁,树着一杆大旗,迎风招展,大旗上写着"天下义和拳兴清灭洋"九个大字。战斗中,义和团民们舞着手中的大刀,勇敢地冲入敌阵,闪展腾挪,劈挑砍刺,把数十名官兵杀得大败。蒋楷见义和团众越聚越多,声势浩大,官兵已被团众冲得七零八落,不敢恋战,率残部仓皇逃去。这一仗,义和团打出了自己的威风,朱红灯也声名大振,被远近团民奉作神人,各地拳众更若潮水般地涌向平原。

蒋楷狼狈地败回到县衙后,左思右想,不禁又羞又恼,一心想荡尽义和团,捉住朱红灯,以泄心中的一腔怨气。但是,他对义和团的强大声势心有余悸,深觉仅凭平原县城内的数十衙役城勇无法剿灭成千上万的义和团众,乃捏造诬词,电禀时任山东巡抚的毓贤,请求毓贤即时派兵前来镇压。毓贤此时对山东省内的义和团已偏向于以抚为主。在此之前,他就曾多次饬令蒋楷在办理民教纠纷时不能一意偏袒洋教,欺压平民,对义和团也不能一概视作叛匪,总当以开导疏散为宜。因此,当他得到蒋楷的报告后,明知蒋楷夸大其辞,对其一意主剿致令事态扩大甚感不满,同时又见到义和团众居然敢与官兵真刀真枪地干将起来,也不禁气恼。所以,他一面训示蒋楷对平原义和团众出示开导,劝令解散;一面又派济南府知府卢昌怡带领骑兵两哨、捕勇数十人前往平原,协同镇压拳民。

本来,朱红灯所率义和团的斗争矛头主要是针对西方传教士和不法教民,无意与朝廷官兵有过多的冲突。所以,在杠子李庄击败了蒋楷后,朱红灯为了避免再次和官兵发生正面冲突,主动率领队伍离开,前往恩县攻打刘王庄教堂和庞庄教堂。队伍沿着马颊河前进,一路之上,不断有群众加入,人数迅速扩大到两千余人。10月17日晚,这支声势浩大的队伍抵达森罗殿,在庙内及附近村庄驻宿。

卢昌怡率领人马到了平原后,根据毓贤"开导弹压,不准孟浪生事"的训示,先把被蒋楷拘捕的六名拳民释放,同时为了平息民愤,又将滥捕无辜的衙役收押。接着他又派人前往森罗殿会见朱红灯,要求朱红灯解散队伍,不再攻打教堂。朱红灯义正词严地对来人说:"我等义和神拳,绝意驱灭洋教,自卫家身,不惧尔等官府。只是不愿再与官府发生冲突,免得两下失却和气。请你回去转告卢大人,不要再来相逼。如若不然,两下动起手脚来,只是他自讨没趣,却也怨不得我们。"

卢昌怡见劝散不灵,只得率同蒋楷等人,带领马队、步兵数百人连夜扑向森罗殿,企图把义和神团消灭在这里。

森罗殿距平原县城西仅18里路,位于马颊河东岸大芝坊庄的东头,庙基立于河堤之上,四周有茂密树林,地势居高临下。面对官兵的凶猛来势,朱红灯毫不畏缩,他决定利用这里的有利地形,给官兵迎头痛击。

18日,卢昌怡、蒋楷、袁世敦等率领清军逼近森罗殿。朱红灯手执令旗,镇定自若地指挥拳民们与官兵进行搏杀。战斗中,拳民们施展平时练就的神拳武艺,利用有利的地形,向清军英勇还击。双方激战猛烈,伤亡都很惨重。激战中,朱红灯身披红袍,跃马横刀,率领队伍猛冲敌人中路,一气猛砍猛杀,直把官兵杀得人仰马翻,敌人锐气大受挫折。左右两路官兵见中路败溃,也都不战而退,仓皇溃逃。朱红灯逼退官兵之后,当即率众西渡马颊河,甩开官兵扬长而去。待到清军卷土重来时,早已失去了义和团的踪影。清军马队在农民的庄稼地里往来奔踏,轮番搜索,始终未能见到一个团民的影子。袁世敦等恼羞成怒,竟然向义和团曾经驻扎的附近村庄的无辜村民们施行报复,开枪残杀无辜百姓百十余人,然后捏报战绩,邀功请赏。

5 毓贤主张持平办理

山东义和团的蓬勃兴起,使蕴藏在民众中间的力量得以充分地展现出来,也使得清政府的一些地方官吏认识到了这种力量的强大。他们中的一些人,在处理中外交涉事件和民教纠纷时,对列强在中国横行肆虐多所不满,对洋教会仗势欺民更是深有体会。因此,他们眼见着义和团队伍的迅速壮大,逐渐引发起一种念头,就是试图利用这样的一支民间武装力量,给欺人太甚的洋人一点颜色看看。这些人以先后就任山东省巡抚的李秉衡、张汝梅和毓贤为代表。

本来,义和团在山东省境内兴起,为清政府引为心腹之患。朝廷所任命的每一任巡抚,都肩负着镇压义和团的重大使命。但是,当这些巡抚大人们莅任之后,在实际处理民教纠纷的过程中,深刻地体会到洋人和恃洋人为靠山的不法教民的横行霸道,从而产生反感,对义和团的反抗斗争表示同情,进而采取宽容态度。李秉衡因对义和拳的宽容遭到革职,张汝梅也因在处理民教纠纷时主张持平办理,给清朝廷带来不小的麻烦,遭到解职。1899年3月,毓贤被朝廷任为山东巡抚。

毓贤,清末汉军正黄旗人,字佐臣,监生出身。1890年任山东曹州知府。1895年改任兖沂曹济道,次年升任山东按察使。刘士瑞等人发动曹单大刀会起义时,就曾遭到他的残酷镇压。然而,当义和团在整个山东省境内兴起的时候,他对拳众的态度发生了变化。

　　在毓贤就任山东巡抚不到一个月的时间内,省内就发生了多起列强挑衅事件,使他面临着许多中外交涉事件。先是强占胶州的德国兵开赴兰山,焚毁村庄,侵入日照县城,图奸妇女,枪杀平民;继而德国天主教主教安治泰从旁推波助澜,扩大民教矛盾,更加激起全省人民的反抗斗争。洋人在山东省的暴虐行径,日益激起了毓贤对列强的不满情绪,同时他也意识到列强势力的不断入侵和膨胀,是对清王朝最为严重的威胁,而全省正在蓬勃高涨的义和拳反洋教斗争,其根本原因也正在于教民肆虐太甚,乡民积怨不平。因此,毓贤在就任山东巡抚后,在处理中外交涉和民教纠纷案件时,不愿过分地对列强屈膝谄媚,降心相从,而是极力主张持平办理。对于他的这种态度,各国的传教士和公使们都十分不满。安治泰即向清政府控告他不接见主教,法国公使也指责他不理教士、不保护教堂,德国公使更是诬称他仇恨德国之心十分明显,逼迫总理衙门革除他山东巡抚一职。

　　对于列强这一番指手画脚的指责,毓贤也不甘屈服,他在上奏朝廷的奏折中,指陈德国人居心叵测,安治泰任情翻异,皆是怀有不可告人的目的。他在为自己办理民教纠纷案件的主张进行辩解时说,山东省的民教积仇,已经不是一年两年的事情,所以自己在处理教案时,不能不格外小心慎重,并非自己有意袒护一方。清政府内部此时对义和拳也是剿抚不定,无所适从。所以,在毓贤就任山东巡抚后,即谕令他要一律持平办理,不得稍有偏袒,以期消患无形。时过不久,清政府再次谕令毓贤,一定要督饬地方官吏随时开导,务令民教相安无事。

　　清廷对义和拳表现出的这种圆滑性态度,给毓贤持平办理的主张以很大的支持。因此,毓贤在山东巡抚任上,对于迅速发展的义和团运动虽然没有最终放弃剿抚并主的方针,但他却更倾向于以抚为主的策略。到1899年初夏时分,毓贤又承认义和团为民间团练,并上奏朝廷,请求朝廷以办理团练为名,将各地的民间团体改办为官团,称义和拳为义和团,任其自由发展,听其保家卫身。至此,山东省内的义和拳组织取得了合法的地位,并广泛地改称义和团。义和团运动在山东省以更大的规模展开。

　　朱红灯率领义和团在森罗殿大败官兵,使毓贤大为震惊。经过与义和团的几番较量,他清醒地认识到在拳民队伍中蕴含着不可低估的力量,也更进一步坚定了他招抚团民的想法。平原事件后,他具折奏禀朝廷,平原一役,致令百名无辜民众遇害,其原因在于平原县令蒋楷在处理民教纠纷案件时,一意偏袒教民,不能持平办理,在下乡弹压时,又良莠不分,纵役诈财,妄捕无辜,因而激成巨患。所以他建议朝廷对蒋楷处以革职,永不叙用,以为后来者戒。

二　设厂聚义　朱红灯森罗扬威

森罗殿之役和平原事件,在清朝廷中也引起极大的震动。翰林院侍讲学士朱祖谋等向光绪皇帝上书,指出义和团的兴起缘由,是由于洋人在中国气焰嚣张,激怒百姓造成的,其中尤以山东省最为严重。大刀会、义和拳、神拳等名目,起初也只是私相传习,徒众不多。最近才因为教堂肆虐,官府不能持平处理,乡民身家性命无所保障,他们才借仇教为名,广为纠结。一般平民也出于保护性命和财产的目的,往往加入拳会以求庇护。在谈到对义和团的策略时,他们又说:虽然义和拳徒众多,但从未听说发生过扰乱平民、劫掠官府的事情。虽然偶尔有打教毁堂之事,只要朝廷择其一二祸首,严责地方官吏缉拿惩办,即可了事,至像平原县令那样动用重兵前往进剿,实属大可不必。近日平原之役,官兵杀拳会中人不过二三人而已,却于事后屠戮无辜平民百余人之多,其中还有妇女幼童三十多人,其冤惨之状,不堪目睹。所以他们也都主张,对义和团以抚为主,对于滥杀无辜的蒋楷和袁世敦等人,应予以严惩。朝廷采纳了毓贤等人的意见,对义和团的态度发生了由严剿到招抚的变化。

朱红灯率领义和团在森罗殿大败官兵后,率队回到了茌平,继续进行反洋教斗争。11月,他和本明和尚率队在马家窝会师,焚毁张庄教堂。附近各州县的义和团运动也日渐活跃。他们攻烧教堂,惩罚教民,聚散无常,行踪飘忽。各地方官对他们又惧又恨,却也无可奈何。

义和团的斗争，引起了西方传教士的惊恐和不安。他们觉得自己的项上悬着一柄利剑，随时都有可能落将下来，砍断自己的脖子。因此，他们向各地方官吏施加压力，逼迫他们严行镇压义和团，同时写信给各自国家的驻华公使和领事，请求援助。对于山东巡抚毓贤，他们更是十分不满，声称鲁省境内情势的发展，皆毓贤一人之罪。在恩县庞庄教堂传教达二十年之久的美国传教士明恩溥，多次向美国驻华公使康格控告毓贤，声称毓贤明知义和团在本省存在，而且规模浩大，气势汹汹，却还把力主镇压义和团的平原县令蒋楷等人革职，这种做法实际就是明目张胆的对义和团的纵容，有意和列强各国过不去。所以他请求康格向总理衙门施加压力，将毓贤革职，永不叙用。根据明恩溥的报告，康格与法国公使毕盛，联合向总理衙门提出照会，强硬要求清政府电谕毓贤和其他地方官吏，必须采取有效办法，迅速消灭义和团，保护教堂，保障教士、教民的生命和财产安全。

对于美、法两国公使的压力，正为列强干涉废立皇帝而伤透脑筋的慈禧太后，虽然很不满意，却又不敢十分违逆。几天后，总理衙门把康格的照会电告毓贤，要求他切实负责保护山东省各州县的教堂和教士。毓贤接到朝廷的严令后，除采取严查保甲、整顿团练和继续开导劝散等手段外，又派济东道道台率领清军开往鲁西北地区，实力保护洋人教堂，镇压义和团。

在攻毁了张庄教堂后，朱红灯和本明和尚率领的两支义和团队伍于11月17日开至博平县华岩寺会合休整。不料两支队伍在分配战利品时,发生冲突,引起械斗,混乱中朱红灯被他部拳民砍伤头部。官兵利用义和团组织内部的矛盾,先后将朱红灯和本明和尚抓获。

6 特借神力,扶保中华

经过赵三多蒋家庄树旗和朱红灯平原传帖,义和团声威大震,"助清灭洋"和"兴清灭洋"的口号也逐渐地传播开来。各种武术团体也纷纷投入到义和团的旗帜之下,成为义和团爱国反帝运动的重要组成力量。他们利用山东巡抚毓贤的宽抚政策,乘机壮大自己的力量,同时又冲破了毓贤的控制,在直鲁大地上纵横驰骋,扫荡着封建反动势力和洋教侵略势力。

义和团没有建立统一的组织和领导机构。它的基层组织一般是"坛",一个村的拳众组成一个坛口,各个坛独立进行活动。拳民们集会议事和操练比武的场所,一般称为坛口,又叫做坛场或者拳厂,也是义和团各支队伍和首领们"拜坛"的地方。在有的地区,几个或几十个坛口之上,还设有总坛口,以统一领导某一地区的义和团斗争。在各个总坛口之间,同样也没有固定的组织联系,当在斗争中需要各坛进行协同行动时,各总坛之间就会散发揭帖,互相邀约。而这种散帖之举,一般也都是由一些较有影响和声望的大坛出面主持,并统一指挥战斗。一旦事毕,各坛复归独立行动。总坛口的负责人一般称作"老师",一切团内大事及出战领队等,都由他统筹决定和安排。其下各个坛口的首领称作大师兄、二师兄等正、副名目。由于广大的义和团队伍有着共同的斗争目标和攻击对象,虽然组织松散,但在反洋灭教的斗争中却表现了极高昂的勇敢精神与团结协作。参加义和团的拳民们,则更是"个个拿起刀,见了鬼子往上蹿,剁的剁,砍的砍",颇有同仇敌忾,赶尽洋人,杀绝鬼子的气概。义和团的拳民们,来自于广大的社会下层民众,他们中间有农民、手工业者、船工、车夫,甚至还有一部分地主士绅和营勇散兵。在民族危机空前严重的时刻,这些人站到了抗击列强侵略的前线,他们高声疾呼"特借神力,扶保中华,逐去外洋",并肩与敌人作殊死的战斗。

由于组织上的松散,义和团在纪律方面也未曾颁行过统一的条文。但各个总坛一般也都有着很多戒条,对拳民们的行为进行束约。从义和团的兴起,到日后进入北京、天津地区,它一直保持着淳朴严肃的戒条和清苦朴素的生活作风。在各个总坛口的戒条中,一般有这样的一些内容:不贪财,不好色,不逆父母之命,不违朝廷法,灭洋人,杀赃官,行于市间必俯首,遇同道则合什,不准公报私仇,不准以富压贫、恃强凌弱,不准以是为非,等等。在生活上,义和团的团民们一般是每日三餐老米咸菜饭,夜间则席地而卧,极为艰苦。在战斗中,他们个个却又都竞冲头阵,勇往直前,无一畏缩。其英勇精神,实堪称颂。

义和团的每一支队伍都是从一些民间武术团体发展而来,而这些民间武术团体又都与各种民间秘密宗教之间存在着密切的联系，有的甚至本身就是某种民间宗教的一个支派。因此，在义和团日后的发展和战斗中，依然保持了这一特色，继承了中国下层农民奉仰了千年之久的多神主义，对各种神灵和偶像都加以崇拜，有着浓厚的民间宗教色彩。在各个义和团的坛口中，一般都尊奉着各路神灵。这些神灵，大多是出自于《西游记》、《三国演义》、《封神演义》等古典小说中的人物，诸如玉皇大帝、关公、孙悟空、诸葛亮等，此外还有一部分明代的英豪及传说中的人物，如黄三太、黄天霸、济公等人。义和团向广大民众宣传说，自己是天降的"神会"，广大的拳民们是天降的"神兵"，洋人则是"妖魔"和"鬼子"，义和团的揭竿起义，是奉了三界至尊玉皇大帝的命令，由各路神灵统帅天兵临凡下界，要把侵入中国的妖魔鬼怪尽行杀绝。那些大师兄、二师兄们，不仅是义和团各支队伍的首领，同时还是各种神灵的凡间化身，具有刀枪不入、凌虚踏空的神奇本领；义和团的团员们，只要他们怀着一颗虔诚之心，则在与洋人的战斗中，就会有神灵附体，使他们不会受到洋枪洋炮的伤害。以此来号召广大民众热情地参加到义和团的队伍中来，并鼓舞义和团战士们的无畏精神。从义和团的这些信仰来看，它所崇信的宗教内容是天真幼稚而且不成熟的。然而，面临着家与国的空前灾难，中国的农民们及其他一些阶层的人们，已来不及进行深思熟谋，只能运用长久流传于民间的现成的组织形式和信仰风俗，坚定地走上了保卫中华民族的战斗前线。虽然它不可避免地带着宗教迷信色彩，具有幼稚和落后等各种弊端，甚至为其日后的斗争带来巨大损失，但是，毕竟瑕不掩瑜，他们在当时成为一种时代的潮流，代表了中华民族反抗外族侵略的意愿。这一点，不论何时，也都是不容我们怀疑的。

二　设厂聚义　朱红灯森罗扬威

三 涞水大战 清朝廷剿抚两难

1 袁世凯的严剿

义和团运动在山东等地的高涨,沉重打击了帝国主义列强在中国的侵略权益。清政府中央朝廷和地方官吏对义和团的镇压不力,尤其是山东巡抚毓贤对义和团的宽容态度,不仅没有能够扑灭义和团的烈火,反而使之愈燃愈旺。这一切,激起了列强公使的强烈不满。

1899年11月25日,美国驻华公使康格向总理衙门递交照会,认为毓贤的态度是近于鼓励盗匪,因而应该承担全部的责任。同时,他还在照会中警告清政府要认清大局的重心,迫其电谕巡抚及其他官吏,强制他们采取有效的办法,消灭义和团,保护洋人传教士和教民们的财产和生命安全。第二天和第三天,康格又以同样内容的照会向清政府施加压力。

总理衙门接到康格的照会后,即刻致电毓贤,要求他严禁山东大刀会和义和团的活动,并申斥他固执己见,对义和团存意偏袒。12月1日,毓贤奏复朝廷,申辩自己在办理教案时,并无意于偏袒任何一方,只是持平办理而已。对于列强对自己的指责,他也十分恼火。

毓贤的桀骜不驯和不愿意对义和团采取斩尽杀绝的做法,使列强对他完全丧失了信心。12月2日,康格再一次向总理衙门提出照会,要求立即再给山东巡抚毓贤一道上谕,迫使他立刻实行保护洋人的方案,并指出这是条约所规定的。过了三天,即12月5日,康格又一次提出照会说:"假如这位巡抚不能控制暴徒,并且对传教士们采取有效的保护措施,那么,他就应该被朝廷撤职,另外向山东派去一位能干的人代替他。假若这位新任的巡抚手中没有充分的武力来做的话,则我强烈地要求,从天津把那些操练得很好的军队一同调往山东协助他。"在这个照会里,康格十分蛮横地逼迫清政府将毓贤革职,并暗示可由袁世凯前往接任。康格还威胁清政府说:"除非中国立刻采取有效的措施来镇压这些暴徒,不然,外国将要证实这样一个信念,即中国意欲玩弄一个大的问题,不必要地引起杀害外国人,而这些人是中国所同意保护的。这对中国来讲,将构成一个严重的问题。"

清政府又一次屈服了。12月6日,清廷传谕,革除毓贤山东巡抚的职务,代之以工部右侍郎袁世凯。毓贤接到谕令,自料此番离职进京不会有什么好果子吃。为了给自己留有一条退路,同时也不给新任巡抚袁世凯留下邀功请赏的资本,12月24日,在他去职进京前,下令将在押的朱红灯、本明和尚及其他一些义和团重要首领全部杀害,然后怀着一颗忐忑不安的心进京陛见去了。

在毓贤离开山东的第二天,新任山东巡抚袁世凯到达济南,开始了他"护洋人而剿拳匪"的行动。

袁世凯出任山东巡抚,列强欢呼雀跃。他们有的说:"从袁世凯的一般名望来看,外国人是可望能够有一个好的结果的。"还有人说:"山东巡抚袁世凯,乃是一位有魄力的人选,他不仅精于兵学,同时其部下有精兵一万,所以我们可恃之无恐了。"康格也在清廷发布任命袁世凯署理山东巡抚之谕旨的第二天,就满怀欣悦地向美国国务卿海约翰报告说:"我很高兴地向您报告,昨天,御卫军袁世凯将军受命前往代理山东巡抚。他是一位能干而且勇敢的人,和外国人之间的交游甚繁。相信在中国皇帝给予他适当的谕旨后,在山东和中国其他地方的骚乱就可被制止,秩序很快就会重新恢复——我们希望如此。"从这些言谈中,我们可以看出,列强对袁世凯寄望甚殷,期待颇重。

但是清政府并没有像康格希望的那样,立即向袁世凯发出"适当的谕旨",反倒是在袁世凯抵达济南后的第二天至1900年的1月3日,不到十天的时间里,连续三次发出电令,要求他在遇到民教纠纷案件时,不可徒恃兵力,一意剿灭,而应该持平办理,最好能够化大为小,化小为无。从这一点也可以看出,清政府虽然迫于列强的外交压力,革除了毓贤的职务,但对于义和团的态度,却远非像列强国家所希望的那样,倒是在很大程度上倾向于毓贤所一向主张的持平办理。1900年1月11日，清政府又向全国各省督抚发布了一道谕旨，命令他们对拳会和盗匪区别开来，不同对待，不能把加入拳会的人一概视为匪徒；在此后办理案件时，也应该只究问其是否盗匪，是否故意闹事启衅，对于当事人是不是拳会中人，是不是教会中人，则应不加论究。这样，清廷在一定程度上主动承认了义和团的合法地位。

对于清朝廷的这道上谕，各列强极为不满。法国代办认为这道谕旨语气含糊，模棱两可。美国公使指责它措辞奇怪，令人担忧。英国公使则据以怀疑清政府是在有意鼓励义和团和大刀会的活动。于是他们再一次行动起来，携手对清政府施加压力。

不过，袁世凯受列强各国如此的器重，倒真的没有让他们失望。他到达济南两天之后，并没有理睬朝廷于头一天给他的"持平办理"的电令，而是发布了《查禁义和拳匪告示》，对义和团采取剿抚兼施的八条做法：一方面，他以奖励义和团"献首"、"自新"和立即解散为诱饵，对山东境内的义和团组织进行分化瓦解；另一方面，他又以军队不足调用为词，把自己所携新军扩充到两万多人，甚至还请来了驻扎在青岛的德国军队和各地教堂的武装，向义和团展开疯狂的屠杀。他向自己的手下将领们发布命令说："你们不论何时遇到拳匪，就立即开炮轰击。有违我令者，统领以下一律就地正法，绝不宽贷。"于是，这些将领们挥舞着屠刀，在袁世凯的督战下，向山东义和团大开杀戒。

在袁世凯的分化瓦解和疯狂镇压下，山东省内的义和团受到了极大的挫折。一座座村庄被炸成了瓦砾，一处处坛口变成了焦土，一批批义和团斗士们遭到屠杀。王立言、王玉振、朱士和、李九芝等数十名义和团的重要首领被捕获杀害，许多支义和团队伍被打散。义和团民们的鲜血，顺着袁世凯的屠刀，洒遍了山东全省。而且，在山东一省的疯狂屠杀，似乎还不能满足袁世凯的嗜血之性，他一方面与直隶总督裕禄联系，对义和团进行兜剿，一方面还亲率军队越出省界一直追杀到直隶省境内。

袁世凯的大屠杀，使山东人民对他恨之入骨，称之为"鬼子巡抚"。当时民间流传着一首诅咒他的歌谣说："杀了袁鼋蛋，我们好吃饭。"更有人冒着生命危险，在袁世凯抚衙大门外的照壁上，画了一个头戴红顶翎的大乌龟，趴在洋人的屁股后面，乌龟的头脸画得与袁世凯的长相一模一样，形象地刻画出了袁世凯屈膝媚外的丑恶嘴脸，痛快淋漓地表达了山东人民对这个刽子手的刻骨仇恨。

2 究竟是严剿还是安抚

本来，在义和团运动的浩大声势面前，侵华列强起初无意于太深地卷入这场大漩涡中，而是把希望寄托在已被它们打怕了的清政府身上，逼迫它去取缔义和团，从而保护自己在华的特殊权益。但是，中国人的顽强不屈和英勇斗争使它们惊异惶恐，转而变得恼怒和仇恨了。于是，频繁的交涉在列强与清政府之间展开，军事威胁也时有发生。清政府也在新的形势下，开始认真地考虑自己对待义和团的态度了。

其实，清政府内部对于义和团的态度，从一开始就意见不一。有的人主张严行剿灭，不仅遏止内乱，亦可借以免却外人托词；有的人则主张招抚，并且希望通过对义和团的控制，进而把它训练成一支强有力的武装力量，借以与洋人抗衡。为此，主剿派和主抚派之间的争执十分激烈。当时，慈禧太后正在准备废光绪皇帝而改立端王载漪之子溥儁，但事情因受到列强的干预进展很不顺利。她认为列强有意与她过不去，对此一直耿耿于怀，怨恨在心。此番义和团运动在山东、直隶两省兴起，且把斗争的矛头直接指向洋人，慈禧太后的态度一直是十分暧昧。清廷中的一些守旧官僚，也从他们一贯的对西方事物和文化的憎恨以及对传统封建道统的愚忠出发，发表自己的看法。大学士徐桐、尚书崇绮、刚毅、赵舒翘、启秀等人，都认为义和团是"义民"，朝廷正可借义和团的神力，平灭外夷，尽戮各国公使，然后再度关闭国门，谢绝外交，重新成就封建的大一统之局。在地方上，一些官僚们也对义和团采取纵容的政策。顺天府府尹何乃莹就曾明说：义和团只是仇视洋教，却从不扰民，大有燕赵之地古烈士之遗风。朝廷尽可抚安归顺，编成劲旅，用以扶保大清皇朝。

另外的一部分官僚，因其本身与列强之间多有联系，同时也深恐义和团反洋闹教最终会引起列强的武

三 涞水大战 清朝廷剿抚两难

装干涉,所以极力主张以武力对义和团进行严剿。他们认为,义和团"扶清灭洋"的口号,不仅不是对朝廷忠义的表现,反而可以说是居心叵测,存心蒙骗朝廷。两江总督刘坤一、湖广总督张之洞就认为,义和团所谓的"扶清灭洋",正是各省会匪的故套和托词,朝廷千万不可受其蒙蔽;陕西巡抚端方也说:我大清朝廷自有威权,不须会党拳匪相助;洋人在华原本安分守己,也不须拳众去灭。义和团只恐助清不成,反而会为朝廷添忧;灭洋不成,反会招致洋人向我开衅。另外还有人上奏朝廷说:义和团扶清灭洋,居心不善。设若义和团可以辅佐朝廷,则也可以倾覆朝廷,说"扶清灭洋"这种话的人意存不良,其心可诛,其罪该死。在这些人看来,不论义和团是扶清还是灭洋,其实都是借名作乱,故意与朝廷作难,有百害而无一益;朝廷对之绝不可姑息纵容,而应竭尽全力严行剿灭。

但是,随着溥儁皇储地位的日趋确定,清政府内部主张招抚义和团的一派逐渐占据了上风,影响也越来越大,并取得了慈祥太后的支持。于是,清政府对义和团开始采取"经晓谕解散为主,毋轻用兵"的方针。

当袁世凯于是年初在山东大肆屠杀义和团民时,御史熙麟便上奏弹劾袁氏,称袁世凯到山东后,对义和团民一意主剿,以致讹言四起,人心惶惶,民怨日甚。清廷也曾多次电谕袁世凯,每每强调:山东省民教不和,由来日久,总应以弹压解散为第一要义,不得一味操切,以致激成巨祸。然而袁世凯并没有按照朝廷的意思去办理。列强对清政府的这种态度也深感不满。而被革职的前任山东巡抚毓贤抵达北京时，不仅没有像列强希望的那样受到惩处，反而很快被朝廷召见，慈禧太后对他大加宽勉了一番，并且还赐给他一块"福"字匾额。在列强看来，清政府的这种做法是在有意与自己过不去，让自己的脸下不来。为此，美国公使康格向总理衙门提出抗议说：清政府对毓贤的褒扬，似在向人们证明朝廷有意要利用义和团驱逐洋人。总理衙门则向康格表示，这是朝廷例行的召见，意在勖勉吏治，绝无他意。

1月24日，慈禧太后以光绪皇帝体弱多病未生皇子为词，立端王之子溥儁为"大阿哥"，天下舆论一时哗然，更有两千多人联名上书，认为不可。端王载漪深恐其子丢掉皇位的继承权，乃费尽心机，派人邀请各国公使入朝祝贺。慈禧太后在朝中设宴款待各国公使，酒宴颇为欢洽，她乃乘机向各国公使提及立溥儁之事，意欲得到各国公使的赞同。不料各国公使各怀鬼胎，不待慈禧太后言毕，即有人站出来坚言阻挠。慈禧太后对列强的态度十分恼火，更加深信列强是在有意与自己过不去，遂与载漪日夜图谋，想对列强进行报复。他们看到义和团的勃勃声势，即便是洋人也为之气馁，乃决定借义和团之力，与各国公使较量一下，出一出自己累年受辱的恶气。

1月25日，英、法、美、德四国公使在法国公使毕盛的提议下召开公使团会议，27日，他们向总理衙门提出了联合照会，认为义和团目前还没有发展到采取有力行动不能扑灭的阶段，清政府如果不立时进行

三 涞水大战 清朝廷剿抚两难

有效的镇压，则"暴徒"们将会得到鼓励，并会认为他们已经得到了政府的支持，继续犯下更为严重的罪行，从而将对中外关系产生严重的威胁。在这个照会中，四国公使还蛮横地要求清政府再向各地方官颁布一道上谕，对义和团和大刀会进行全面的镇压和取缔。它还要求清廷在谕中明白地写出，凡加入任何一个结社或窝存任何一个结社成员者，均为触犯中国法律的刑事犯罪。与此同时，意大利公使也向清政府提出了一份旨趣相同的照会。

列强公使的这份联合照会，与慈禧太后的意愿相抵触，总理衙门十分为难。总理衙门拖延了二十多天，没有向列强公使作出答复。2月21日，英、美、法、德、意五国公使又写信敦促清政府给予回答。四天之后，总理衙门才给各国公使一个复照。然而列强公使对这份复照十分不满意，他们认为清政府依然没有改变此前对义和团的纵容态度，同时也没有作出对义和团或者大刀会进行镇压的承诺。为此，他们要求与总理衙门王大臣进行会晤，直接就此事进行商谈，并指名要求由庆亲王奕劻接见。

奕劻这些年与洋人打了不少交道，深知这些公使们难缠而且无理，在接到公使们的信后，他心中发憷，暗想，天知道这些洋毛子们又会出什么鬼花样，提出什么样的苛刻条件来。但是，总理衙门还是答应了列强公使的要求，把会晤安排在3月2日。为了向各国公使讨好，使会晤不至于出现过分难堪的局面，在头一天晚上，总理衙门送达各国公使一份照会和一个附件。在这个附件中,清廷用明确的字句要求各省取缔义和拳。然而,列强在华的侵略惯伎一直是,你退让一步,它就进逼一尺。所以对于清政府的这一份照会及附件,它们仍然表示不满,并进而提出更为苛刻的要求。

3月2日,英国公使窦纳乐、美国公使康格、德国公使克林德、意大利公使萨尔瓦格和法国代办唐瑞等人来到了总理衙门。窦纳乐首先代表公使团作了发言,他在表述了对义和团在华北地区急剧发展的疑虑和对清政府在处理该项事宜所表现出来的迟缓的不满后,向奕劻提出要求说,朝廷必须在官方公报《京报》上发表取缔义和团和大刀会这两个排外团体的上谕。克林德紧接着说道:"昨天贵署所送达的那份照会和上谕,只说要取缔义和团,却只字未提到大刀会,而我们所要求的是必须把这两者都予以彻底取缔,使外国人在中国得到保护。"其实,自从义和团运动高涨之后,在广大的华北地区,不论是以前的大刀会还是神拳会等民间武装团体,都一律改叫了义和团,而列强公使至此还死认大刀会和义和团是两个排外结社。奕劻等人心中暗骂洋人无知,却也不得不赔着笑脸向各国公使作出解释说:"上谕中之所以没有提到大刀会,是因为现在大刀会同义和团完全是同一码事。朝廷对于制止这些结社所犯暴行的决定是严肃而且认真的。"他还对公使们说明,把上谕直接送达有关督抚,责令他们秉旨办理,要比在官方公报上发表迅速有效得多。但是各国公使们对于这样的解释却依然不满意,在会

三 涞水大战 清朝廷剿抚两难

晤结束后，还是向总理衙门提交了事先拟好的同文照会，执意坚持他们的要求。

3月7日，总理衙门复照各国公使，以"与先例不合"为由，拒绝了他们的要求，列强对此十分恼火。各国公使再次举行会议，窦纳乐在会上提议，有必要对清政府采取严厉的措施，逼迫它屈从列强的要求。为此，五国公使再一次照会清政府，要求其在《京报》上发表上谕，同时发表声明说：如果中国政府仍然不同意这一要求，那么为了保护他们各自在华侨民的生命和财产安全，将建议各自本国政府，采取其他必要的措施。他们还在使团会议上议定：一旦中国政府拒绝公开发表排外结社的上谕，他们就应该立即向各自本国政府提出建议，对中国进行联合海军示威。会后，各国公使将这次会议所商定的结果电告了各自本国政府。

对于五国公使在这次会议上所作的声明，清政府没有作出反应。各国公使虽然对清政府冷淡的态度十分恼火，但是由于此时各列强政府仍然把剿灭义和团的希望寄托在它身上，所以也只得暂时隐忍，静观清政府的举动。

3 葛络干送来照会

3月14日，清廷任命毓贤赴任英、美传教势力较大的山西省巡抚。清政府的这一举动，很明显地表明它对列强公使的要求和声明，并未加以理会。这一挑战激怒了列强公使，他们立即就此事向清政府提出严重的抗议。23日，窦纳乐正式电请其本国政府外交部，派遣两艘军舰开往天津海外的大沽，借以用武力胁迫清廷屈从，英国外交部长索尔兹伯里答应了他的请求。当天，英国的两艘军舰即由上海起锚，于29日到达大沽。4月6日，英、法、德、美四国公使再次提出联合照会，限令清政府在两个月之内，将义和团和大刀会一律剿除，否则，列强将派遣水陆各军进入山东、直隶等省，代为剿平。次日，美、意两国的军舰也抵达大沽口。12日，列强舰队集结于大沽海面，组织武装示威，以武力威胁清政府，逼迫它尽快将义和团镇压下去。这一次，俄国人也首次参与了列强就义和团问题而采取的对华联合行动。

　　列强的一再交涉使得清政府穷于应付，反倒无暇顾及义和团的迅猛发展，这也无形中给义和团力量的壮大提供了时机。同时更由于朝廷在经过种种权衡之下对义和团采取了一定程度的纵容态度，使得义和团运动在1900年上半年得到空前的发展。早在1月间，义和团就开始在天津城厢进行活动。3月，在东北的锦州和营口一带也出现了坛口。到是年初夏时分，北京城内已经出现义和团散发的揭帖。3～4月间，义和团在裱褙胡同设立了它在北京的第一个坛口。这样，在直隶省内，京津四周，已然是人人习拳，处处设坛，刀枪林立，旌旗招展。山东省义和团运动也重新走向高涨。直隶、北京、天津和山西等地更是风起云涌，各地外国教堂岌岌可危，洋教士们惶惶不可终日。5月

1日，北京西四牌楼羊市南壁上，出现了义和团的乩语，其上写道："一愁长安不平安，二愁山东一扫平，三愁湖广人马乱，四愁燕人死大半，五愁义和拳太软，六愁洋人闹直隶，七愁江南喊连天，八愁四川起狼烟，九愁有衣无人穿，十愁有饭无人餐，过戌与亥是阳间。"当时，这类乩语、揭帖、告白之类的义和团文书极多，遍布于每一个角落，对一般下层民众具有很大的鼓动力量。

到1900年5月间，因对清政府的失望和急欲剿灭义和团，以保护和扩大其在华的侵略权益，列强各国开始改变对中国的态度和政策。它们在向清政府施加外交压力的同时，开始策划组织联军进行武装干涉，亲自出马镇压中国人民的义和团运动了。

5月21日下午，在法国公使毕盛的请求下，列强驻华首席代表西班牙公使葛络干，召集了驻京公使团会议，英、美、俄、德、法、意、奥、葡、西、比、日11个国家的驻华使节全部出席了这次会议。在会上，法国公使毕盛向各国公使呼吁道："诸位公使阁下，近日在中国境内发生的暴乱，我想大家都已深有所知。所以，我在这里想提请大家对当前中国局势发展的严重性，应当有明确的估断和足够程度的重视。"他正式向各国公使提出建议，希望各在华列强，采取协同步调，共同调兵进入北京，保护使馆和教堂。他还声称："总理衙门以往对我们所作出的承诺及其实际中所采取的措施，其真实性一直是值得怀疑的，目前我们对前途的危险性无论作出怎样的估计，都不能算作是过分。"但是，由于列强在华权益的重点不尽相同，对剿灭义和团的急切程度也不一样，所以，毕盛所提出的立即调兵入华的意见没有得到公使团的通过。经过讨论，会议通过了一份给清政府的联合照会，并授权由首席公使葛络干将它亲自送达总理衙门。对于这份照会，德国公使克林德还作了补充说明道："如果总理衙门对于我们所送达的联合照会，不能在有效的时间内作出令人满意的答复，那么，列强就应该采取一些共同的行动，对中国政府施加压力。在必要的时候，我们可以从军舰上派兵登陆，向北京进发。"公使团会议根据法、德两国公使的意见，作出决定：如果义和团在中国所制造的骚乱仍在继续，或者在五天之内，清政府不能对联合照会所提之要求作出满意的答复，那么在中国派驻有使节的所有海军国家，即再组织一次对中国的海军示威；同时，在必要的情况下，卫队应该在各自的军舰作好一切准备。

第二天，葛络干亲往总理衙门，对奕劻等人说道："我很荣幸地将各国驻北京使节昨日所通过的决议通知殿下和阁下。昨天，共11个国家的驻华使节出席了公使团会议，在会上根据贵国政府已经颁布的镇压义和团的上谕，特向贵国提出以下几个要求：一，凡是参与拳会操练或在街头制造骚乱以及张贴散发那些威胁外国人之揭帖的人，贵国政府应该予以立即逮捕；二，义和团集会的庙宇和场所的所有者或监护人，均予逮捕；三，凡是负有镇压义和团之职责，在行动中玩忽职守或纵容义和团的各级官吏，均予惩罚；四，凡是企图杀人放火、谋财害命的首恶人等，应立即处决；五，凡是在目前中国骚乱中，对义和团提供帮助或加以指点者，均予处斩；六，请贵国政府在北京、直隶和中国北方其他各省，公布这些措施，以便让人人都能知道。另外公使团还委托我通知殿下和阁下，他们急切地等待着贵国政府能在五天之内对这些要求给予令人满意的答复。"言毕，他把头天由公使团通过的联合照会往总理衙门一撂，扬长而去。

5月25日，总理衙门对列强的联合照会作出答复道："总署正在奏请朝廷，请求发布一道较以前更为严厉的镇压义和团的谕旨，列强在联合照会中所提出的诸项要求，与中国政府将要采取的措施是一致的。"

这样的答复仍然不能令列强使团满意。26日晚，葛络干再度召集公使团会议，研究中国的局势并商讨组织列强联军的事宜。法国公使毕盛依然争先发表自己的意见："众所周知，即便是中国政府有意对拳匪采取有力的措施，但义和团的发展也已超出了它的能力所能控制的范围。因此，我们不能再把希望寄托在中国政府身上。可以预料的是，在中国的首都北京，很快将会发生一场危及所有欧洲人的暴动，如果各国不立即采取有力之行动，则我们这许多年来在中国所取得的一切都将化归乌有，我们的教堂将会化作灰烬，我们的侨民的生命将会被拳匪们剥夺。所以，我强烈呼吁诸位，立即电请各自本国政府，采取共同行动，调集足够的使馆卫队，开进北京，与这里的义和团进行对抗。"这一次，各国公使大都同意了毕盛的看法，他们最后约定，再由葛络干向总理衙门递送一份照会，要求清政府向他们具体说明，它究竟将采取什么样的措施对义和团进行镇压。同时，会议还授权英国公使窦纳乐和俄国公使格尔思，第二天前往总理衙门晤见奕劻，把公使团的意向向他作一明确说明，并请清政府尽快给予明确的答复。如果这次得到的答复依旧让他们失望，那么各国将立即派遣使馆卫队，开进北京保护教堂和使馆。

4 击毙杨福同，进占涿州城

义和团在山东省的声势暂时受了袁世凯的抑压。但是，广大的义和团民并未屈服于袁世凯的屠刀之下，许多义和团队伍从山东省境转移到了直隶省境内，与当地的义和团队伍联合在一起，展开了更大规模的战斗。

直隶为京畿重地，是清王朝统治的中心地带，同时也是帝国主义列强侵略的重点地区之一。到19世纪末，全省境内教堂林立，洋教势力十分嚣张，广大民众深受地方封建势力和外来洋教侵略势力的双重压迫，不断地掀起反抗斗争。到1900年初，在直隶境内的城市乡镇，已遍设神坛，坛旁刀剑环列，气势如虹。直隶发展成继山东之后的又一个义和团运动的中心，北京、天津、保定三角地带即成为义和团的战斗基地。各个州县的团民，打教毁堂，势若狂风骤雨，无可阻挡，当地的官吏也不敢轻易过问。

但是，在义和团攻教焚堂的战斗中，也遭到了各地洋教堂武装力量的拼死抵抗，很多团民战死沙场。义和团在攻打河间府范家圪塔村的教堂时，教堂的武装从土墙里往外开枪，杀害团民五十多人。团民们又用大车装满柴草作为护垒，掩护队伍向前冲锋，教堂便用洋炮轰击，使拳民们的伤亡更加惨重，只得被迫撤离战斗。在威县，教民也曾用七尊火炮猛轰义和团，并乘着硝烟凶恶地追杀，使义和团队伍死伤数百人之多。

在敌人精良的武器和残毒的抵抗面前，在惨烈无比的战斗中，义和团众们虽然手中只有大刀、长矛、木棍、石块，有的甚至赤手空拳，但是他们绝不屈服和退缩，而是勇猛地冲向杀敌前线，向侵略势力发动猛烈的攻击。义和团在转移行进时，还在沿途各村镇张贴告示，宣传自己的斗争宗旨，号召民众参加义和团队伍，反抗帝国主义国家的侵略。有一份告示这样写道："中原各省集市村庄人等知悉，兹因天主教堂并耶稣教堂毁谤神圣，上欺中华君臣，下压中华黎民，神人共愤，人皆缄默，以致吾等俱练习义和拳，保护中原，驱逐洋寇。"千百万具有血性和民族气节的中华儿女，在家仇国恨面前，积极地响应义和团的号召，踊跃地加入义和团，勇敢而坚决地承担起保家卫国的神圣使命，义和团运动在直隶省境内以空前的规模高涨起来。

正当众列强国家兴高采烈地欣赏着袁世凯猛挥屠刀对山东省的义和团进行残酷屠杀时，却没有料到直

三 涞水大战 清朝廷剿抚两难

隶省的义和团运动迅猛地发展起来，他们惊慌失措，乃急急地向清政府施加压力，强迫它以最为严厉的手段取缔义和团和各种反抗组织。总理衙门只得秉承列强的意愿，电令直隶总督裕禄，严饬他采取切实办法，剿灭直隶省内的义和团。于是，义和团在与洋教侵略势力作殊死搏斗的同时，也与前来镇压的清军展开了战斗。其中，在保定附近涞水县境内的战斗最为激烈。

涞水向北距北京仅五六十里，当义和团在京、津、保地区猛烈高涨之时，县内各村庄也都纷纷设立了拳厂神坛，到1900年上半年，形成了以高洛村阎洛福等为首的义和团队伍，与当地的洋教势力展开了尖锐的斗争。5月，阎洛福等团民，与同村的教民们相持，民教之间发生争端。涞水知县祝芾应洋教士之请，急忙派人星夜前往高洛村，进行劝导弹压。阎洛福见官府出面为洋人撑腰，更是义愤填膺，乃广散揭帖，邀约四乡及邻县的义和拳民至高洛村会合。至5月12日，汇聚在高洛村的义和团民达数千人之多。祝芾一见事情又将闹大，赶紧亲往高洛村，企图以父母官的身份将拳民的情绪压制下去，不料反被拳民围困于村中。当天晚上，义和团和教堂武装力量发生冲突，义和团烧毁教堂7间，并砍杀教民3人。但义和团队伍也有二三十人在战斗中负伤。次日，汇集在高洛村的义和团又转往定兴县的仓巨村，在那里烧毁了教民住房十多家。

直隶总督裕禄在天津得知涞水境内义和团闹教的情形后，当即派遣张莲芬前往查办。14日傍晚，张到达涞水。他见当地义和团声势浩大，不禁有些发憷，连夜致电裕禄称，高洛村集聚拳民逾千，人人携刀带棒，情绪激昂，且附近州县境内的义和团也都有所举动，恐非动用官兵，不能制止。他请求裕禄添派练军分统杨福同率队前往镇剿。与此同时，在北京的俄、法等国公使也纷纷来到总理衙门，要求清政府迅速查办涞水的义和团。总理衙门无奈，只得电令裕禄，责其认真办理。

裕禄接张莲芬报告和总署电令，不敢怠慢，派杨福同带领马队80多人，由天津出发，乘坐火车，于16日到达涞水。17日，张莲芬与杨福同率队赶至高洛村，捕走团民20多人。傍晚，义和团民们趁张、杨二人回城之机，集中拳民二三百人，在回城的路上分二处设下埋伏，准备前后夹击，营救被捕的战友，双方发生激战。留驻于高洛村的马队闻得消息后，赶忙开来增援张、杨二人，却又遭到另一路义和团的阻击。结果，杨福同等突围而去，义和团队伍也遭到很大伤亡。

5月21日，杨福同再次率清军马队到城北约30里的石亭村查禁义和团，双方又一次交战。激战中，义和团民被杀1人、捕走2人，另有多人负伤，余者被清军马队冲散。杨福同在石亭村中留下30多名清军，限令义和团在3天之内解散，然后得意扬扬地率队回到涞水城内。

自杨福同来到涞水后，义和团队伍连番遭到挫折，阎洛福等义和团首领不禁有些愤怒，决定对杨福同还以颜色。他们一方面广散揭帖，邀约团民赶往石亭村，一方面坐将下来，进行周密的策划。大师兄、二师兄等对杨福同恨之入骨，他们各自提出自己的设想和建议。阎洛福见人人摩拳擦掌，十分高兴，他对大家说："杨福同近日在这里连番得手，杀伤我们弟兄不少，我们是得给他点颜色看看，不然，他还真以为我们就怕他。我想，这小子狂妄自大，加上几次取胜，肯定认为我神团不堪一击。我们正可利用这一机会，设法再把他引出城来，杀他个人仰马翻。"接着他说出了自己的计划，得到了战友们的赞同。

5月22日，由新城、定兴、容城、房山、涿州、易州等县应邀而来的义和团共数千人，赶到石亭村，对留驻于村中的小队清军进行围攻。杨福同闻得消息后，不禁哈哈一乐道："这些无赖拳匪，真是不知死活，几番吃我败仗，居然还敢闹事。只是他们忽聚忽散，剿之不尽，却也令人气恼。今天我得给他们点厉害瞧瞧，好让他们知道马王爷头上三只眼。"当即带马步清军70多人，杀气腾腾地由县城出发，扑向石亭村。

待杨福同逼近石亭村时，事先安排在村外望风的团民已然看得清楚，乃返身回村，告诉了阎洛福。阎洛福一摆令旗，数千团民们迅速撤出村子，在村北两狼山的一条峡谷中设下了埋伏，并派出小队团民引杨福同追杀。

杨福同赶至石亭村，见义和团已经离去，不禁气恼非常，即挥队向北追杀。当他追至两狼山脚下时，手下有人提醒他注意不要中了拳民们的埋伏，他却狂妄地说道:"小小拳匪,能有几人识字,几人知兵。这个地点倒是设伏的好地方,可惜这些人谁能够想出这样的妙计来?"说着话,手中马鞭一挥,督率清军扑进峡谷。正得意间,忽听两厢杀声震天,漫山遍野的义和团民从两边杀出,与清军展开激战。至此,杨福同才暗悔自己确实小瞧了义和团。他拔出战刀,一面与冲到近前的拳民厮杀,一面破口大骂义和团民为匪徒。忽然,一名义和团战士冲到他的马前,手起刀落,砍断了马腿,杨福同由马上翻身栽下。义和团民恨透了这个家伙,不等他站起身,纷纷举刀将其剁死。有两个清军差官见主将落马,扑向前来营救,也被义和团民挥刀砍杀。其余官兵溃逃而去。

直隶总督裕禄得知杨福同被杀的消息后,大为震惊,赶紧向朝廷奏知此事,并在上奏中提出"查拿首要,解散胁从,如敢再行抗拒,即严行捕剿"的主张,同时调聂士成部步队三营、邢长春部及原驻天津马队和驻高碑店马队数营,开往保定、涞水和涿州,会同镇剿。

但是义和团经过石亭一仗,士气大震,面对着清军的大队官兵,也不稍畏惧。为了避敌锋芒,他们由涞水转往北距北京仅30里的涿州,数日之内,聚集了约有3万之众。5月27日,义和团占据了北京南部门户涿州城,涿州知州绝食三日,自尽身亡。义和团还在涿州城的四门上下,树起了"兴清灭洋"的大旗,数万名团民立于城墙之上,齐声欢呼,龙廷帝都已可收入眼底矣!

你们去涿州看一下

5月28日,义和团在占领了涿州城后的第二天,又向北推进,烧毁了丰台火车站,同时在北京城内散发了大量的"保护中原、驱逐洋寇"的告白。同一天,团民数千人又拆毁了琉璃河至卢沟桥的铁道,并砍断沿路电线,还焚烧了长辛店、卢沟桥等处的车站、机车、库房和料厂,开始大规模地涌向北京。

在北京的各国公使有些惊恐不安了。当晚,公使团再次集会,他们一致同意调集使馆卫队进入北京,保护使馆。会后,由葛络干再次照会总理衙门,声称奥、英、德、意、日、俄、美等国使节决定,调集特遣部队立即前来北京护馆,希望得到清政府的同意,并要求为他们提供运输上的便利。与此同时,列强各国也开始了对中国进行军事干涉的准备活动。从27日起,列强各国的舰队分别由旅顺、威海卫、厦门、胶州等处,纷纷向大沽海面集结。到5月30日下午,大沽海面上已有列强舰艇12艘,其中有英国"阿尔及灵"号和"奥兰度"号,俄国的"德米特里·顿斯柯依"号、"大西索"号、"纳瓦林"号、"朝鲜人"号及两艘鱼雷快艇,日本的"爱宕"号,美国的"纽瓦克"号,德国的"笛卡尔"号和意大利的"爱尔巴"号。

迫于列强的一再要求和巨大压力,总理衙门秉承朝廷意旨,再度向洋人低头。5月31日,总理衙门向各国公使表示，同意他们调集卫队入京护馆，但是各国进京军队的人数应以30人为限，并且局势一旦平静后即须立即撤回。为了避免冲突，清政府还把同情义和团并扬言要对洋人进行阻击的爱国官兵从北京车站调开，以便使列强卫队顺利开入使馆区。当日晚7时许，列强第一批"使馆卫队"自天津乘车抵达北京。其中英国士兵72人，军官3人；美国士兵56人，军官7人；意大利士兵39人，军官3人；日本士兵24人；法国士兵72人，军官3人；俄国士兵71人，军官4人。总计士兵324人，军官22人。随后，6月1日，50名德国官兵至京。3日，30名奥匈官兵至京。6日，日本又增派30人入京。列强各国对总理衙门提出的30人限额根本没有理睬，此后仍然陆续不断地向北京增派军队。到8日，开进北京的使馆卫队已经接近千人。这批所谓的使馆卫队，实际上是八国联军武装侵略中国的先头部队，在对华军事侵略中，他们最先踏上了中国的领土。他们要借手中的精良装备，对反帝爱国的中国人民进行大肆杀伐了。

在大沽海面上，同样是阴云密布。列强舰艇轰鸣游弋着，各国侵略者都睁着一双双贪婪的眼睛，紧盯着北京局势的发展，一旦有所借词，他们便将无所顾忌地冲上海岸，去屠杀中国人民，去征服怯懦的清朝政府，去争夺更多的侵略权益。到6月2日，集结在大沽口外和渤海湾内的列强军舰已达25艘，其中俄国9艘，由基利杰勃兰特中将指挥；英国3艘，由西摩尔中将率领；德国3艘，由裴德满上将率领；日本3艘，由永峰大佐指挥；美、法、意三国各2艘，分别由开姆夫少将、库尔诺利准将和卡泽拉上将指挥；奥匈帝国1艘，由托曼中将指挥。至此，已有数千名外国海军士兵在大沽口待命。6月5日，又有列强海军陆战队600余人在大沽登陆，开往天津租界内集结。

列强不断增调军队，使得整个局面变得越发紧张起来。与此同时，义和团在京津地区的战斗也进入了一个新的阶段。6月1日，33名欧洲人结成小队，由保定出发，向天津方向逃难，沿途遭到义和团的围追堵截。当这队人马与义和团厮杀时，俄国公使在比利时公使的恳请下，派出了一支由25名哥萨克人组织的部队前往营救，途中与义和团相遇，遭到猛烈的攻击。结果，这支俄国军队再也顾不得去营救什么欧洲人了，他们死命地拼杀，冲开一条血路，败逃回到天津租界。当那支大部分由比利时人组成的欧洲人队伍到达天津时，有9人失去了踪影。第二天晚间，俄国骑兵再次出动，到静海独流镇骚扰，被义和团包围击溃。但是在这次战斗中，团民也有二三十人牺牲在敌人的枪弹之下。6月8日，安次县义和团首杨寿臣率领数百名拳民进入天津，在三义庙建立总坛。从此，天津城内外相继设坛立团，义和团运动开始在天津得到迅猛的发展。同一天，在北京的义和团也在城外举行了第一次大示威，许多北京市民也加入到游行的队伍中，从东便门到西便门，人潮如海，旌旗蔽日。义和团在城厢内外遍散揭帖，宣传反洋灭教，声言要杀绝教民，劝人不得归入洋教，号召民众抗击列强侵略。古老森严的封建帝都，被爱国民众的怒吼声强烈地震撼着。

为了阻止列强军队继续侵入北京，义和团掀起了破坏京津铁路的高潮。他们分段拆除路轨，并烧毁了黄村、廊坊、落垡等车站，切断了北京和天津之间的电报线，还与前往镇压的清军展开了多次战斗，进而开始大规模地向北京、天津挺进。

列强的汹汹来势，使清廷上下坐卧不安；而义和团的反帝怒潮，又使它看到了一线与列强翻脸相抗的希望。于是慈禧太后动起了招抚义和团的念头。她召来何乃莹、赵舒翘和刚毅等人，对他们说："眼下义和团越闹越厉害，洋人则更是欺我太甚。你们说说看，这些拳民们究竟可资利用么？"刚毅等三人乃是极力主张对义和团实行招抚的代表，深知这老佛爷话中的意思，他们向慈禧太后说道："现在义和团发展迅速，诛不胜诛，不如将之招抚，配以统帅，编入行伍，利用他们的仇教之心，化作一股果敢之气。即便洋人真的有意与我作对，则正可借团民们与之相抗。因此，朝廷对义和团应该采用招抚劝导的策略。"此话正合慈禧太后心意，于是她对这三人说："那好，就请你们三位前往涿州，去那里实地查看一下义和团的情形，速回报我。"于是，他们3人分别于6月4日、6日动身离京，前往涿州。

在刚毅等人离京之后，6日晚上，慈禧太后又在宫中召集群臣开会，密议对义和团的策略。在这次会上，经过一番激烈的争论，主抚派终于占了上风。他们认为，义和团民都是忠于朝廷的人，如果能给他们配上较好的武器，用心操练，即可以成为朝廷有用的劲旅，用这样一支对洋人心怀仇恨的力量去对付洋人，当是很有用处的。虽然这种主张遭到一些人的反对，但是由于慈禧太后对洋人的步步紧逼产生了怨怼之意，心中早具成见，决定采纳主抚派的主张，招抚义和团，不再剿除。

再说刚毅等人前往涿州查看义和团的情形。赵舒翘、何乃莹二人先行到达涿州，召见义和团首领，向他们宣示朝廷意旨，希望拳民们各安生业，不要轻事暴动，等待朝廷招抚。但是由于此前义和团在涞水、保定等处遭到聂士成等人的严力追剿，双方发生过数次激战，义和团伤亡很重，所以拳民们对聂士成恨得要死。他们对赵舒翘说道："我们本无意与朝廷作难，只一意想杀绝洋人。但是聂士成三番五次来犯。杀害我们很多弟兄。请朝廷将他革去军职，我们自当遵从圣上谕旨，否则我们听话，他就来剿，到时双方还会发生冲突。"赵、何二人当然不会就因这些拳民们的一句话，就答应把聂士成革职，同时他们也没有这种权限，所以对义和团的要求自是不能答应，双方闹成僵局。8日，刚毅随后赶到涿州，与赵、何二人会合。刚毅极力主张朝廷可用义和团，聂士成却不中用，何乃莹被其说服，唯唯遵从。赵舒翘因刚毅职权高于自己，而且也深知刚毅的意思是出自朝中最高决策者，与他争辩无有用处，只得含笑对刚、何二人说："既然你们二位意思相同，足见是高明之论。这样，由我先回京师，向朝廷复命如何？"刚毅点头应允。赵舒翘即动身回京，含糊其辞，向慈禧太后作了复奏。

赵舒翘走后，刚毅又让何乃莹召见义和团首领，对他们说："朝廷知道你等拳众，都是义民。你们应当努力自爱，不得伤害和骚乱平民百姓，更不可违背朝廷法度。来日朝廷要征讨洋人，是要用你们为先驱的。"众首领听得此言，也未细品其中利害，甚为欢欣。而刚毅在涿州城内外走了一遭后，对团民们仇教反洋的急切心情更有了直接的体察，所以在回京途经良乡时，他又鼓励人们练拳。有人说："朝廷明令禁止练拳，我们是不敢再练了。"刚毅则笑着对他说："没事，上谕不要紧的。"回到北京后，他密见慈禧说："拳民们志在抗拒外敌，并非叛逆朝廷。今次臣前往涿州招抚，他们人人欢欣雀跃，皆已俯首受约。故以臣之意，不如对他们加以利用，借以对付洋人。"太后听了没有言语，默然似有允意。

刚毅等人的涿州之行，进一步默许了义和团的合法存在。6月9日，慈禧太后再次在宫中召载漪等人会议，决定正式招抚义和团。同时还命令董福祥甘军从南苑开进北京城。第二天，慈禧任命载漪管理总理衙门，允启秀、溥兴、那桐等在总理衙门行走。又以载漪、奕劻、徐桐、崇绮等主持兵事。一时之间，军、政、外交大权尽落主抚派手中。这是一批保守的封建官僚，他们已经下定决心，要借用义和团的力量，与外国侵略者决一雌雄，以期重新建立封建大国的尊严。清政府与列强之间的矛盾尖锐地激化着。

四　津门儿女　誓扫洋寇卫家国

1　裕禄改变了态度

还是在1899年春，天津就在山东和直隶两省的影响下，闹起了义和拳。到1900年初，拳场、团场逐渐增多。3月，王荫荣在天津西郊张家窝设立了"坎字总团坛口"。4月，山东人刘呈祥和韩以礼分别在天津西郊的高家庄和大南河设立了"乾字团总坛口"，到5~6月间，元城城厢内外也都普遍设立了拳厂。6月8日，杨寿臣在三义庙建立总坛。天津的义和团也和北京、直隶等地一样，风起云涌地发展着。到6月10日，天津城厢内外已遍设坛口，天津知县阮国桢出示禁止，无人加以理睬。

八国联军侵略中国，激起了中国人民更大的愤怒和更高的斗争热情。从6月14日起，义和团开始大规模地涌进天津城内。也就在这时，静海义和团首领曹福田率其所部乾字团来到天津，在吕祖庙设立总坛口，加入到抗击列强侵略的战斗行列。

曹福田，天津静海人，家境贫寒，曾经当过兵。当义和团运动兴起时，他也在自己的家乡静海、盐山一带组织义和团，队伍很快发展到数千人之众。当时，张德成也在静海一带设团，张自称为太平天国天王，曹福田就自居为天国东王杨秀清，并自称为"署理静海一带义和神拳"。他还经常往来于南皮、庆云、盐山和青山等地，积极地发展力量，组织斗争。当八国联军挑起武装侵华战争时，曹福田毅然决定把自己所部义和团队伍拉到天津，投入到抗敌反帝战斗的最前线。

义和团进入天津之后，随即展开了打教焚堂的斗争。14、15两日，义和团烧毁了天津城内的八处教堂，在30年前天津教案中被天津人民焚毁过一次的望海楼法国天主教堂，再度化为灰烬。为了支援义和团的斗争，天津城内各大小铁铺昼夜不停地为团民们打造兵器，赶制刀械。阮国桢见禁止人们练拳设坛不住，又转而禁止铁匠们帮助义和团打造兵器，试图借此遏制义和团在天津的发展。他派人扮作义和团众的模样，佯装入铺购买兵器，探听情况，然后由他亲自率领衙役，堵住街口，逐铺搜查，把打造好的各种兵器全部收缴，不准售于义和团民。他的这种做法，令义和团民十分气愤。6月16日，大队团民涌进县衙，在公堂之上设起了拳坛，并砸开了县衙的牢狱，将被捕的义和团首领刘得胜等一百多人释放。阮国桢见势不妙，脱身逃往裕禄的总督衙门内躲避。

接着，义和团又涌向直隶总督衙门，强迫裕禄出来与他们见面。也就在这几天，裕禄对义和团的态度也发生了很大的变化。在此之前，他曾多次与山东巡抚袁世凯一道，联合对直隶的拳民们进行残酷的镇压，使义和团组织蒙受了重大的损失。但是现在形势已经发生变化，朝廷决意要招抚义和团，用以抗击外敌。而列强的武装干涉，也使他觉得国家又将大难临头，民众的抗敌热情如此高涨，也使他有些感动。因此，在外患日逼的形势下，他放弃了以前对义和团的力主剿除的做法，转而主张招抚。他还上奏朝廷道："目下天津义和团团民，已经集聚不下三万余人，整日里以焚烧教堂、逐杀洋人为事。眼下外患猝来，天津为帝都门户，负有护卫之重责，因此断难再分派兵力对义和团进行剿除，只得权且对其暂行招抚，并借以御敌，以为治标之计。"他态度的转变，使义和团在天津获得了合法的地位。现在团民们因被天津知县激怒，逼上门来，他只得出见。他对团民们好言相慰，劝说他们不要闹事，有什么要求只管对他提出，一定尽最大的可能为之解决。团民们声称，自己要打鬼子，可是手中没有武器，请总督大人发给兵械。裕禄无奈，只好命人打开武库，把武器弹药分发给团民。

总督大人态度的变化，使得团民们有些诧异，同时也深受鼓舞。他们从督衙武库取得武器后，又从各个衙门和城内富室家中征用了一批马匹鞍嚼；在天津和塘沽的码头上，没收了招商局和洋人们的大米和其他物资，用以改善自己的装备和物资供给，战斗力也因此提高。

曹福田进入天津后不久，即在谭文焕的引荐下，前往总督衙门，与裕禄会晤，就天津的战守事宜与之商量。裕禄对义和团的态度既已发生变化，同时自己也正为天津的危局而心焦不安，因此，对于曹福田的到来，自是另眼相看。他知道曹福田是天津地面上最为重要的义和团首领，自己将来与洋人见仗，正可借他一臂之力。言谈中，裕禄觉得曹福田并非如外人所传说的那样是一个"无赖奸猾"之徒，而是一个有志有为的血性男儿，心中不禁对他又多了几分好感。他对曹福田大加褒扬了一番，临别时还给了他一支大令，执掌生死之权，并可用以调动各部官兵。

英雄的天津女儿们，也冲出了自己的小天地，投身于保家卫国的战斗行列中。在天津义和团队伍中，有一支由青年妇女组织成的队伍，它就是"黄莲圣母"林黑儿率领的"红灯照"。在后来的抗击八国联军的天津保卫战中，这些英雄女儿们担任着维护治安、缉拿奸细、侦察军情、供应粮草和救护伤员的任务，发挥了不可低估的作用。黄莲圣母更是英姿飒爽，声名远震。当她率领红灯照刚到天津时，裕禄竟亲自来码头迎接，用自己平日所乘的大轿将她抬至衙署大堂，然后身着朝服，向她行下九拜大礼，后来也还不时前往黄莲圣母的坛口拜访。对于林黑儿向他提出的要求，裕禄也尽可能地予以满足。

就这样，天津儿女们全都行动起来，时刻准备着在海河两岸抗击外敌的入侵。

② 西摩尔险遭没顶之灾

由于得到清政府的默许,义和团大批地涌进了北京城,闯入王公府第,有的甚至进入了紫禁城内。整个北京城几乎成了义和团的天下。在北京的列强公使们,感到十分震惊。他们怎么也想不通,清政府为什么会在各国的强大压力面前,不仅没有像它所答应的那样,把义和团严行取缔,反而变本加厉地予以纵容,居然容许拳民们闯进了北京城。公使们从对清政府的颐指气使转而考虑自己眼下的处境了。他们担心会被困在北京城内,于是天天聚在一起开会,商量对策,同时纷纷致电各自本国政府,请求立即命令游弋在大沽口外的各国舰队尽快协商,采取共同的行动。

6月6日下午,列强驻大沽舰队的高级海军将领们,在英国军舰"百人长"号上召开联合军事会议,讨论中国的局势并决定在必要的时候对华采取一致的军事行动。与此同时,列强政府也电致各国驻华公使,授予他们在必要的时候采取任何行动,包括调动军队的全部大权。大沽口外的各国海军将领也都接到各自本国政府令其与其他国家将领协同动作的训令。这样,由列强驻华公使们叫嚷了许久的联合武装干涉中国的计划,得到了各国政府的正式批准,列强又一次共同挑起了武装侵略中国的战争。

鉴于清政府态度的急剧变化和义和团在北京活动

的猛涨,各国公使愈发感到不妙。6月9日下午到晚上,他们连续开会,决定致电大沽海军,催促他们速派联军,开至北京,解救所处的危局。在天津,列强驻津领事和前期到达租界的陆战队指挥官们,也于当日晚间在法国领事杜士兰家中召开军事会议,讨论北京公使们向他们提出立即组织联军进入北京的要求。最后决定,第二天即派出一支联军队伍乘火车赶往北京,由英国西摩尔中将担任统帅,美国的麦卡加拉上校担任副统帅,同时他们还要求直隶总督裕禄为进京的陆战队准备好火车。当天夜里,列强又从大沽口外的军舰上调集军队,连夜乘炮艇和鱼雷驱逐艇,溯海河而上,于次日凌晨在塘沽登陆,转乘火车到达天津租界内。

6月10日上午,西摩尔率领由英、美、法、俄、日、意、德、奥8个国家的官兵组成的联合陆战队共2000多人,由天津火车站抢车登程,向北京进犯。八国联军武装侵略中国的战争终于拉开战幕,义和团抗击列强侵略的战斗也更加激烈了。

西摩尔自信,用不了几个小时,他就能率领首批联军冲到北京,参加各国公使为他准备好的盛大欢迎宴会,然后在饱酒足饭之后,再在中国的都城里耀武扬威一番。他压根没有把那些手持长矛大刀的义和团放在眼里,心中只是一个劲地嘲笑公使们胆小怕事、清政府软弱无能。因此,联军出发时根本没有作什么准备,每个陆战队也没有带什么辎重,每个人也只带了两三天的干粮和二百多发子弹。他们心想,从天津到北京才几多路，到了北京之后，吃的用的还能少得了。但是他们万万没有料到，此番向北京的进犯，却遭到了前所未有的抵抗，付出了惨重的代价。

原来，为了阻止八国联军向北京进犯，义和团早把京津铁路分段拆毁，锯掉沿途电线杆，使北京和天津的铁路交通和通信全部中断。所以，西摩尔联军在开出天津不远，就只能一边抢修铁路，一边向前移动。而广大的义和团民则在铁路线的两侧，埋下伏兵，随时准备给侵略军以打击。

八国联军的进程很慢。本来在正常的情况下，乘火车从天津到北京，全程只需几个小时，但是直到次日傍晚，联军才推进到京津铁路的中途廊坊车站。

12日，正当侵略军在车站附近抢修铁路时，数百名头包红巾，手持大刀、长矛和木棍的义和团战士，突然从铁路北侧冲将过来，闯至铁路线上，一阵猛砍猛杀。联军士兵们措手不及，仓皇地逃向车站。义和团则紧跟追杀。一时间，声动天地，血洒满地。团民们个个舍生忘死，与侵略者展开了惨烈的肉搏。

正当双方厮杀得不可开交的时候，美国上校麦卡加拉率领一队美国兵从后面赶到，他们在铁路两旁架起大炮，对义和团进行猛轰，团民们当场有60多人伤亡。但是义和团毫不畏惧，胆气极壮，冒着敌人的枪林弹雨，直扑敌阵。其中一个拳民冲到麦卡加拉面前，挥起长矛向他直搠，被麦卡加拉用手枪打死。

这场以古老的刀剑对全新枪炮的战斗，持续了两天，义和团虽然伤亡惨重，但是人人心中怀着满腔的国恨家仇,抱着要把洋人赶尽杀绝的信念,前仆后继地战斗着。附近村庄的义和团和村民们闻讯,也纷纷赶来助战,把这些联军紧紧围困在车站一带。他们时而上前去袭击联军,时而后撤拆毁路轨,搅得八国联军焦头烂额,心胆俱裂。

西摩尔东奔西突,靠着枪炮从义和团的重重包围中杀出一条血路,于14日晨开动火车继续北上。但是当他们开出廊坊车站仅数里,火车重又停了下来。西摩尔把头伸出窗外一看,不禁倒吸了一口凉气:再向前,铁路全部遭到义和团的破坏,路基上,空空荡荡,连根铁轨、枕木的影子都没有。义和团把枕木撬开烧掉,把铁轨拖走扔掉,侵略军想抢修铁路都没有办法了。义和团却一直尾随着八国联军,一旦遇有小队洋兵离开火车时,就冲上前去,一顿刀砍斧剁,将他们尽数杀死。西摩尔一见不妙,只得下令倒回到廊坊车站。

下午,联军留在落垡车站的一小队英军,陷入了上千名义和团的重重包围之中。这些英军架不住义和团人多势众,便开动一辆巡道车跑到廊坊,向西摩尔求援。西摩尔只得亲率一支队伍,带着大炮,乘坐火车,回兵援救。靠着大炮的狂轰滥炸,才把义和团逼退。当晚,西摩尔又匆匆率队赶回廊坊,仍然企图从这里强行向北京进发。

八国联军此时陷入了极度的困境之中:他们一边要抢修铁路,一边又穷于提防义和团的勇猛攻击。就这样,西摩尔在廊坊与义和团相持了将近一周时间,虽然急得他火星直冒,但依旧是寸步难行。随着和义和团的多次开仗，联军的弹药消耗得很快，食物和水也成了致命的难题。西摩尔一见形势不妙，心中暗悔自己太过大意，只得派出一列火车回驰天津，想运来一些粮食和弹药。但不料想从杨村向东的铁路此时已经全被拆毁，这列火车开至杨村，就再也无法向前挪动了。

前进无路，后退无途，西摩尔坐困廊坊。6月18日，董福祥所部甘军2000多人，奉命进驻京津铁路沿线。于是义和团立即和清军将士们联合战斗，向困守在廊坊车站的八国联军两次发起进攻。战斗从上午11时打起，一直厮杀到下午1时。尽管甘军和义和团伤亡数百人，却也给联军以沉重的打击：打死6人，打伤48人。

在中国爱国军民的联合攻击下，八国联军沿京津铁路入京的企图终于落空了。西摩尔决定放弃廊坊，撤回杨村，取道运河，由通州进京。同时他又派人赶回天津送信，求援船只和补给。但是义和团由不得他轻易逃跑，当天夜里，又一次向他发动了猛袭。

一周多来的左冲右突，挨饿受怕，使得这批撤至杨村的联军人人筋疲力尽，个个都巴望着躺下来睡上一个好觉。西摩尔也惊虑交加，数夜没有合过眼，两眼熬着赤红，十分疲惫。傍晚，他下令派出十几个意大利士兵在车站周围放哨警戒，其余官兵一律休息。这些人有的躲在车厢里，有的睡在站房里，一合眼即鼾声四起，沉沉睡去。担任警戒的意大利士兵也都数日未眠，个个困顿不堪。鼾声向他们传送着倦意，还没有等到换岗，他们就无精打采地挂着大枪打起瞌睡来了。

这时，从杨村车站四周茂密的青纱帐里，扑出了一支精壮的义和团队伍。他们轻捷地隐蔽前进，逼近车站和车厢。其中有几个团民轻身掠上站台，未等那几个疲乏的意大利哨兵有所觉察，便把寒森森的匕首捅进了他们的心窝。后继的团民们一拥而上，冲进车厢一通猛砍。联军士兵们从睡梦中惊醒，有的人还没有摸到武器，就被团民们的大刀斜肩带背地劈死。等到他们完全清醒过来，义和团战士们早已安全撤回，隐身于茫茫夜色之中，给八国联军又留下了6具死尸和30多名伤员。

西摩尔这时意识到自己的进京之路，已经水陆俱穷了。虽然他连续接到北京公使们的告急报告，但是他自身都是泥菩萨过河，再也顾不得去北京援救公使了。西摩尔明白，自己的这支队伍现在已经完全陷入了孤立无援、进退两难的境地，继续前进不再是明智的决策了，而且，离开天津越远，他们被义和团全歼的危险性就越大。

西摩尔此时再也不愿意去冒这个险了。6月20日凌晨6时，他下令从杨村向天津撤退。由于回天津的铁路已经全遭破坏，由陆路乘车已经不可能。他只得决定把上百名伤员和所剩不多的弹药装在抢来的几只木船上，沿北运河回撤。其余的人则沿河岸步行，由美、法、意三国军队走在前面，英、俄、日、德、奥五国的军队在后边护卫伤员。沿途之上，不断遭到义和团的袭击，他们惶惶如丧家之犬，急急如漏网之鱼，再也不敢与义和团短兵相接，只要一发现义和团的行踪，就立即开炮轰击。在进入天津地界后，又多次遭到曹福田所部义和团的袭击。直到6月26日上午9时，才狼狈不堪地溃退入天津租界。

从6月10日西摩尔率军登程，到26日逃回租界，前后整整16天的时间，八国联军完全陷入了义和团的汪洋之中，险遭没顶之灾。联军近2000人的队伍，被义和团和清军击毙62人，打伤228人。八国联军首次武装进犯北京遭到了失败。

3 大沽炮台的陷落

由于义和团把北京、天津之间的铁道和电线全部拆毁割断，京津之间的联系全部断绝。对于驻京公使们的死活和刚派出的西摩尔联军的行踪与处境，大沽口外列强军舰上的海军将领们一无所知。但是，从天津城内各处教堂的被毁、清政府态度的开始强硬和中国官兵在海河入海口的加紧布防中，他们知道情况肯定不妙。加上通往天津的铁路此时也开始受到义和团的威胁，更使海军将领们觉得，有必要扩大对华的军事行动，占领大沽炮台，从而打通从塘沽到天津的通道，解除清军守兵对海面上各国军舰的炮火威胁，并为联军陆战队的大规模登陆排除障碍。

但是，天津租界内的各国驻津领事不大同意即刻占领大沽炮台。他们认为，目前京津两地的形势已对自己日益不利，倘若贸然夺取大沽炮台，进一步激怒中国人，那等于为每一个在中国的西方人签署死刑证，把这些人送上绝路。然而，整日游弋在海面上的将领们却再也顾不得驻津领事们的意见。

6月15日，俄国太平洋舰队司令基利杰勃兰特海军中将，在旗舰"俄罗斯"号巡洋舰上，召集了各国海军军官会议。会上，他们强调，中国军队正在津沽铁路沿线集结，且有切断铁路交通的企图；在海河河口，中国守军也布置了水雷，试图阻止联军的登陆和进攻。所以，有必要采取有力的措施，保全铁路，保护在天津的各国侨民。会后，他们派出了300名日军士兵和250名俄法士兵，分别占领了塘沽和军粮城火车站。

第二天上午，各国海军军官再次在"俄罗斯"号上举行会议，决定向直隶总督裕禄和大沽炮台守将罗荣光发出最后通牒，同时还详细讨论了夺取大沽炮台的作战方案。当时，集结在大沽海面上的各国大小舰只共达38艘之多，都已作好了进攻炮台、闯入内河的临战准备。下午，列强海军将领们在一起作了周密的兵力部署：在陆路方面，由德国海军大校波尔率领一支由英、日、俄、奥、德、意等国水兵组成的900多人的联军陆战队，在塘沽登陆，埋伏在白河左岸炮台的侧后方，到时策应。在水路方面，列强联合舰队分为两线，一线派置10艘吃水较浅的舰艇在炮台内侧的白河之中，与登岸的陆战队互为犄角，联合向炮台进攻；二线则将22艘巨型舰艇布置在白河口的入海口，用炮火协助作战，从而形成对大沽炮台的前后夹攻、水陆合击的阵势。

联军在作战部署基本就绪后，于当日夜间派出俄国的鱼雷艇长巴赫麦季耶夫和海军准尉什拉姆，分别登陆至大沽炮台和天津，将前日通过的最后通牒送交大沽炮台守将罗荣光和直隶总督裕禄。在这份最后通牒中，列强要求清军在17日晨2时以前交出炮台，否则联军将以武力攻占。七个国家的海军头目各自代表自己的政府在通牒上签了字，他们分别是：俄国海军中将基利杰勃兰特，法国海军少将库尔若利，英国海军少将布鲁斯，德国海军上校居利希，日本海军大佐长峰，意大利海军上校卡兹列拉和奥匈帝国海军上校蒙特利马尔。美国基于自己的利益和目的，以及在侵略技术上的考虑，没有在上面签字。巴赫麦季耶夫十分傲慢地对罗荣光说："这是七国已经约定议决的要求，断无变通之理，望贵提督速即达知直隶总督大人及各个炮台的守军将领，速速撤离，不得迁延。否则，到时兵戎相见，毫无客气。"

大沽炮台的守将罗荣光，字耀庭，湖南乾州人。这一年他本已调任新疆喀什噶尔提督，尚未来得及离津赴任，即逢列强海军向大沽集结示威，此时仍负责大沽的防务。他接到列强海军的最后通牒后，严词拒绝，立即传令各个炮台马上准备战斗，并派出专差星夜急驰天津，向裕禄求援。同时，他还派人到驻守在大沽的北洋海军统领叶祖珪处，请他下令海军舰艇作好战斗准备，配合炮台守军作战。午夜时分，罗荣光接到裕禄的电令：无论出现什么情况，均不得把大沽炮台交给外国人。

激战打响之前，整个大沽口弥漫着剑拔弩张的气氛：中国守军已把炮口对向了列强的舰艇，单等主帅开火的命令了；列强军舰也都烧好了蒸气，炮弹上膛，焦急地等待着他们提出的最后时限的到来。

月儿隐在云层的后面，模模糊糊，海滨夜色很暗，只有炮台上的探照灯偶尔闪亮一下，照向海面上的列强舰艇，撕开层层夜幕。大沽口南北两岸上的炮台在夜色之中傲然耸立，默不作声地面对着即将来犯的侵略者，黑洞洞的炮口睁着圆圆的大眼，似乎在清点着海面上的舰艇。这阵势，使得海面上的侵略军不免有些望而生畏。

"中国人到底是打算投降呢还是要开火？""当然是要投降啰！难道中国人真的敢同我们交手，捍卫他们的要塞？就算他们打出几颗炮弹，吓唬吓唬人，但随后还不是照例投降……"俄国水兵们在舰艇上议论着。实际上，在所有列强的心目中，中国就像一只早已被他们征服的绵羊，任其摆布而不会有丝毫的反抗，大沽要塞守军在联军面前，同样也会表现得服服帖帖，令他们满意。他们在黑暗之中虎视眈眈地盯着炮台。然而，毫无迹象表明中国守军有撤离的意思。各国将领已经意识到，这一次中国人并没有像他们设想的那样恭顺，对于最后通牒，中国官兵们似乎并未加以理会。

6月17日零点50分，距最后通牒上规定的时限尚差70分钟。然而，列强们再也不堪忍受炮台无声的蔑视，他们已经等不及到2点了。泊于海河中的列强舰艇首先开炮，向大沽炮台发起了猛烈的攻击。罗荣光立即下令开炮还击。刹那间，隆隆的炮声划破了宁静的夜空。与西摩尔联军进犯北京和使馆卫队在北京各处街衢挑衅相呼应，八国联军全面的武装侵华战争在大沽口外正式拉开战幕。

北洋海军统领叶祖珪不仅没有按照罗荣光的请求联合反击，反而严饬各舰不准开炮。时过不久，4舰鱼雷艇即被泊于附近的英国舰队俘获，并分别由英、法、俄、德4国管辖。叶祖珪所在的"海容"号也被敌舰管制，勒令熄火，停于湾内不准移动。这样，在大沽之役刚刚打响时，继五年前全军覆没于日舰炮火之下，这支新建的北洋舰队再度败北于八国联军的手中。

白河两岸，中国守军在罗荣光和副将韩照琦的指挥下，临危不惧，坚守炮位，以猛烈而准确的炮火重创敌舰。进攻北岸炮台的敌舰"阿尔杰林"号和"莫尔提斯"号均中炮负伤；攻击南岸炮台的"海狸"、"朝鲜人"、"里昂"和"基里亚克"号4舰，除"海狸"号幸免外，其他3舰也都被清军炮火击中。

早已登陆埋伏于炮台侧后的联军陆战队，与河中的舰队相呼应，以德国士兵为先锋，分左、中、右三路，猛扑白河左岸的西北炮台。清军很快就发现了他们，于是调转一部分炮口对其猛轰，把他们压制在离炮台约800步处。到凌晨3时半许，天将破晓，炮台不仅没有被攻将下来，联军陆战队反倒处于清军炮火的威胁之下。于是他们调整部署,埋伏于炮台附近,等待时机,再次发动进攻。

白河之中的敌舰虽大多数遭到清军炮火击中,但仍然向两岸炮台拼死进攻。由于炮台为硬土构造,防御工事也不坚固,经不住敌人的猛烈炮击,中国守军伤亡惨重。西北炮台更是腹背受敌,守军官兵伤亡过半。为了撕开中国守军的防线,联军多次用小船载兵上岸,向炮台猛攻,皆为守兵奋力击退。后来,联军舰艇干脆拼着挨打,步步进逼,终于靠近了西北炮台的弹药库,炮击命中起火。清军管带封得胜血战身亡,守台兵勇死伤不断。陆上的联军陆战队,这时又乘势猛攻,蜂拥而上,破门越墙。炮台守军视死如归,浴血奋战。日军指挥官服部中佐靠近炮台大门时被守军击毙;白石大尉想把日丸旗首先插在中国的炮台上,也被打死。到17日晨5时半许,西北炮台陷落,英国人在上面升起了米字旗。台上所剩两门大炮,也为日军和英军调转炮口,向北炮台和对岸的南炮台轰击。

西北炮台陷落后,北炮台立即陷入孤立,很快在联军的前后夹击下失守。日本人在上面升起了日丸旗。接着联军把炮口调转,向对岸南炮台施以猛烈的轰击。河中的联军舰队也都转向南岸猛攻,北岸的陆战队也乘船渡河,从侧面进攻。战到6时30分,南岸的南炮台和新炮台守军受到敌人的前后夹击,弹药告尽,伤亡倍增,被迫撤离,南炮台和新炮台终告陷落。俄国人在南炮台上挂起了国旗,德、奥两国也分别把自己的国旗悬挂在新炮台上。

大沽血战，持续了6个多小时。中国守军在侵略者面前，表现出了可歌可泣的英雄气概和爱国情操。在此战中，守军主将罗荣光身先士卒，亲督战阵；副将韩照琦中弹负伤，血染征炮；为国捐躯的将士90多人，负伤者达千人。白河两岸的4座炮台上，尸积如山，血流成渠。中国守军用鲜血和生命向列强显示了中国将士的不可轻视和中华民族的威武不屈，虽败犹荣。

列强虽然攻陷了大沽炮台，却也为此付出了沉重的代价：水陆官兵被我爱国官兵击毙共61人，击伤234人，驶进白河的10艘战舰，有7艘被炮火击中负伤。战后，联军官兵也不得不暗自庆幸：此役幸亏是在夜间打起，倘若是在白天，中国守军的炮火将会更准确，给联军的打击将会更重更惨。

大沽口炮台曾在1858年和1860年两度被英法联军攻陷，此番又被八国联军攻占。它的失陷，使津城、京师的门户洞开，侵略军源源不断地踏海而来，由此登陆，杀至津城，扑犯北京。一场空前的劫难即将降临到中华民族的身上，义和团反抗帝国主义列强侵略的战斗也由此进入更加激烈的阶段。

4 老佛爷要"大张挞伐"

我们回过头来看看北京的情况。

自从5月底列强使馆卫队进入北京后，在各国驻京公使的指挥和操纵下，他们横冲直撞，欺官害民，在文明古国的帝都里，犯下了累累罪行。

6月12日，一位头扎红巾、腰系红带的人在使馆区马路上经过，被德国公使克林德看见，他不分青红皂白，认定此人是义和团民，令人捕住，交给了使馆卫队。第二天，克林德又在美国使馆门前的马路上，抓走了一名义和团民。附近的团民们闻讯前来相救，反遭美国兵的机枪扫射，伤亡惨重。同一天晚上，有很多义和团民经过崇文门，拥进北京城，当经过意大利和奥匈帝国的使馆区时，迎面遭到两国士兵的射击。同时，奥匈帝国的士兵还向王府井大街的人群发炮轰击，团众死伤无数。接着各国卫队又集中兵力，趁夜追杀进城的义和团民，给义和团造成很大伤亡。14日，比利时公使姚士登，在东单大街上，逢人便射，打死打伤团民数十人。下午，克林德又带领一队德国水兵，在内城城墙上行走，当发现在城下的沙地有人练拳时，他毫不迟疑地下令开枪射击，当时打死团民20多人。同一天，使馆卫队又获得消息，义和团正在一个庙宇中，对几个教民施刑审问，他们派出一支马队，荷枪实弹地杀到，把30多名义和团民全部杀害。16日，他们又在另外一座庙宇中，杀死义和团民40多人。

在使馆卫队血腥屠杀中国人民的同时，列强公使又擅自划定使馆防区，东交民巷、前门东城根、南御河桥、东长安大街、王府井大街等地，都派有各国士兵把守，戒备森严，气势汹汹，禁止中国人来往。他们在四周张贴告示，宣称："来往居民，切勿过境，如有不遵，枪毙尔命。"侵略气焰甚嚣尘上。

使馆卫队的血腥暴行和列强公使们的嚣张气焰，激怒了北京城内数以万计的义和团战士和爱国官兵们。他们与侵略者展开了激烈的战斗。

6月11日，因西摩尔联军迟迟没有到达，各国公使心中焦虑，他们派出日本使馆的书记生杉山彬出城探看。当杉山彬乘车行至天坛附近时，遇到3天前调驻北京的董福祥部清兵。董军士兵厉声问他是谁，杉山彬态度蛮横地告诉说，自己是奉命前来迎接西摩尔联军的。此言一出，便激起爱国官兵的愤怒，清军一个营官不等他说完，即抽刀上前，将其刺死，然后断其四肢，戮其尸身，发泄了他对洋人的刻骨之恨。

6月13日下午，千余名义和团民头裹红巾，手持大刀，开至孝顺胡同，一把"神火"焚毁了亚当斯教堂。驻守在这里的美国士兵见义和团人多势众，不敢抵抗，带着洋教士和教民们逃进了东交民巷的使馆。同日下午，双旗杆的英国伦敦会、八面槽的法国天主教堂、东四五条西口的美国福音堂、交道口二条的美国长老会、西四羊肉胡同的基督教堂、西直门内的法国天主教西堂、宣武门内的法国天主教南堂等11处洋教堂，全部被义和团民们纵"神火"焚毁。半日之间，紫禁城东西南北，硝烟遍起，烈焰冲天。义和团民的呐喊声响彻云霄，使在北京的侵略者们心惊胆战，同时也震撼着皇城内清政府的满朝官员。

列强卫队在皇城之外的横行恣虐，义和团和爱国清军的激烈抗击，使清政府不得不再一次认真研究对列强和义和团的态度。6月16日，慈禧太后在仪鸾殿召集御前会议,光绪皇帝、大学士、六部九卿等百余人参加,就对义和团的剿抚和对列强的战和问题,展开了激烈的争论。

这许多年来,光绪皇帝一直憋着一腔怒气无处发泄。待群臣跪拜礼毕,他即怒诘众臣:"现在义和团在京师内越闹越凶,到处打教焚堂,洋人更是虎视眈眈,怒不可遏。我且问你们,为什么不尽力弹压,驱散教民,以息洋人之怒,保我祖宗社稷平安?"

众臣见龙颜震怒,声色俱厉,个个心惊胆战。翰林院侍读学士永亨膝行向前,乍着胆子奏道:"臣刚才在董福祥处,他自言可以把拳民尽数逐出城去。请皇上下一诏谕,责其去办就成了。"不等他说完,端王载漪在一旁伸出大拇指,厉声嘲讽道:"好主意!这倒是失却民心的第一法门!"永亨慑于端王威势,再不敢言语。

太常侍卿袁昶在槛外高声说道:"臣有话上奏!"光绪帝没有好气地传旨召进。袁昶说道:"拳民实乃乱民,朝廷绝不能引为恃仗。就算他们有邪术,但从古到今,从没有听说过靠邪术能够成就大事的;对于洋人,绝不能轻易开衅。内则纵容乱民,外则列强肇衅,内讧外患,国家危矣!"

慈禧太后别有心意,隔帘对袁昶道:"法术虽不足恃,难道人心还不足恃么?今日中国积弱已极,所可借助者,仅止人力而已。倘再失民心,则国家之本将何以安处?"停了一下,她接着说道,"现在民心也已变动,总当以顺应民心为紧要之事。故卿之所奏,不合道理。"

袁昶重又争辩道:"民心从背叛朝廷到忠心朝廷,这只是左道拳匪迷惑人的说法。只要捕杀拳匪的首要人物数十人,余者都是乌合之众,当可望风而散。如果我们自己剿办了拳民,尚可望免得外国调兵入京,代我剿办。否则,洋人陈兵于外,拳匪交哄于内,大局就不好收拾了。"太常少卿张亨嘉也在一旁说:"拳民实不足以为朝廷之恃。"慈禧太后总是在帘后摇首不纳。

仓场侍郎长萃跪在张亨嘉后面,大声说道:"义和团民皆是义民。我从通州来,那里若无义和团卫护,则早就落入洋夷手中了。"载漪、户部侍郎傅良等闻言附和,都说人心不可轻失。

光绪皇帝说道:"人心何足恃耳,只是给朝廷增添祸乱而已!现在你们张口则人心不可失,闭口即称兵开仗,想数年之前的朝鲜一役,创巨痛深,至今犹新。何况今日以诸国之强,十倍于昔日之日本,吾国若何就能抵挡?"载漪道:"董福祥军,颇有斗志,昔年剿除叛回,立下大功。今日用之抵抗洋人,当能有所斩获。"光绪帝摇头道:"董福祥骄纵难用,敌人又是精兵利器,已非昔日叛回所可比拟。"侍讲学士朱祖谋也在一旁称董福祥"无赖不可用"。

一时之间,大殿之上,群臣纷纷奏对,皇帝、太后各自发表意见。对于义和团,有人说剿,有人说抚;对于列强,有人主战,有人主和。议论纷陈,莫衷一是。最后,慈禧太后决定派侍郎那桐、许景澄出京,劝阻洋兵进京。同时派人安抚义和团，设法解散。然后散会。

慈禧太后对洋人是又恨又怕。同样，对于义和团，她的态度也是摇摆不定。她一直有一丝幻想，想利用义和团击败洋人，以雪历年之耻。所以在端王等人的游说下，心中倾向于招抚义和团。17、18、19日3天，慈禧太后连续召集群臣会议，决定方案。

就在19日，八国联军攻占大沽炮台的消息传到了北京，满朝文武大惊失色，慈禧太后更是惊恐异常。当天决定，招抚义和团，对列强宣战。会上，慈禧太后即命许景澄到各公使馆传谕，限令他们在24小时内离开北京。同时寄谕裕禄，令其招抚义和团，用抵洋兵。光绪皇帝不愿轻启战端。当许景澄动身前往各国使馆时，他牵着许的手道："先不慌着走，待慢慢商量个妥当之策。"慈禧怒斥道："皇帝放手，不要误事！"侍郎联元也向慈禧谏道："法兰西为传教国，战衅也只是启自于法。即便要战，也只应对法国一国宣战，断无与十一强国结怨之理。否则，国家危在旦夕矣！"言毕伏地痛泣。慈禧太后此时早已怒气攻心，失去理智，再也顾不得这许多了。

列强用了五六十年的时间，在这东方的国度里建下了无与伦比的"基业"，捞到了前所未有的益处，岂是清廷一句话便能赶得走的？在接到清廷的逐客令后，当天晚上，各国公使复函总理衙门声称：在24小时内离开北京，期限过于苛刻了，我们连行李都来不及收拾；再者，义和团到处活动，京津之间铁路交通完全断绝,安全没有丝毫保障;中国政府必须担保没有危险,我们才能考虑离开北京回国的问题。很明显,列强费了好大的劲才迫使清政府允许他们在北京派驻公使,好就近取便,左右清廷。虽然现在他们对义和团的激烈反洋运动十分恐惧,但是要想让他们轻易离京回国,注定是不可能的。

20日晨8时左右,各国公使聚集在一起协商如何应付清廷的照会。德国公使克林德认为,如果到总理衙门进行一番恐吓,按照以往的惯例,肯定能够迫使中国屈服,从而放宽他们出京的期限。其他各使都不大同意他的看法,他们心知,中国朝廷既已下令赶他们出京,则对洋人的态度肯定变得十分强硬,义和团也会在很大程度上得到朝廷的纵容。所以,现在前往总理衙门是毫无用处的,甚至到时没人出来接待他们。

克林德没有说服别人,乃决定自己一人前往。他随身偕翻译人员和数名水兵,行至东单时,遇清军神机营霆字枪队章京恩海率领部下数十人沿街巡逻。克林德不仅拒绝清兵拦轿盘查,还首先从轿中向恩海等人开枪。恩海闪身让过子弹,拔枪反击。枪声响处,轿夫四散,克林德被当场击毙。

听到克林德的死讯,德国进京的卫队,荷枪实弹,倾巢而出,然而等他们到了出事地点,除了地上的血迹之外,余下只有尘土飞扬。轿夫和清军早已踪影全无。于是他们伙集别国士兵,在街上四处寻衅,开枪乱射,打死打伤许多无辜平民。

义和团民无法按捺心中的怒火。20日下午,他们出动数千人，联合董福祥部甘军，张旗列队，开到东交民巷，开始围攻列强使馆。他们从东交民巷东西两端分别攻入，一部分拳民手持火把，猛向前冲，直扑洋人使馆的楼房；另一部分拳民则攀援登高，呐喊助威，声动天地。有的拳民找来长竹竿，把火把绑在竿头，捅破百叶窗子，扔入室内。一时间，紫禁城外，顿起一片火海。不到两个小时，东交民巷东口的意大利、比利时、奥匈帝国的3座使馆和西口的荷兰使馆被火焚烧。义和团和爱国官兵们攻破了洋人的第一道防线。使馆卫队只得退防台基厂大街以西。

6月21日，慈禧太后在洋人的步步进逼和义和团及爱国清兵抗击侵略热情更加高涨的形势下，发布了宣战诏书，声称要向列强"大张挞伐"。诏书中称义和团民为"义民"，为"朝廷赤子"，表示要以二十余省、四万万生民，恃天理人心，与列强之奸谋武力对仗，以"剪彼凶焰，张我国威"。同一天，义和团大队人马开到西什库，开始攻打法国天主教北堂。这样，在皇宫的西北角上，又点燃起了一处反帝烽火。

5 天津保卫战

与此同时，天津保卫战打响了。

6月17日，大沽战地硝烟尚未散尽，占领炮台的联军便分路攻占了塘沽、北塘、新河等地，杀人放火，对中国人民实行凶残的报复。联军所经，顿作一片焦土血海。接着，他们赶修炮台和铁路，抢占从大沽到天津铁路沿线的军事据点，凶神恶煞般地扑向津城。

在天津紫竹林租界地内的八国联军也开始了积极的军事行动。他们一方面派遣俄军占领了老龙头火车站，并在租界沿河地带修筑工事，把炮口对向每一条通向租界的道路；另一方面，他们决定先发制人，出兵进击与租界隔河相对的天津武备学堂。

天津武备学堂是清政府培训军官的学校。当时校内只有90多名学员。这是些血气方刚的年轻人，把炮口对向白河对岸的租界地，决心利用校内储藏的大批枪支和弹药，同入侵之敌作拼死决斗。17日下午2时，列强联军从租界内出动170余人扑向学堂。守堂的学员们奋不顾身，英勇还击，并与冲进校内的敌军展开肉搏。侵略者们看到一时难以攻下学堂，便四处放火，结果引爆了武备学堂的军火库，90余名学员几乎全部遇难。当驻津的爱国清军闻听巨大的爆炸声，前来援救时，呈现在他们眼前的只是一幅幅惨不忍睹的景象：校舍四壁起火，死难的学员们被烈火烧得肢体模糊，面目不清，空气中飘荡着一股股臭烟。而八国联军早已拖着残存的枪支和8门完好的克虏伯大炮撤回到租界去了。

同胞们惨死的景状，使爱国官兵再也难以遏制心中的怒火，他们再也顾不得朝廷态度的摇摆，第一次坚定地把炮口对准了紫竹林租界，昂首发出了一阵阵愤怒的吼声，把复仇的炮火泄向了侵略者的巢穴。无数的义和团民也纷纷赶至紫竹林租界前，与爱国清军并肩战斗。

夜间从大沽方向传来的隆隆的炮声，已经把直隶总督裕禄震得手足无措。这时天津军民并肩作战的喊杀声，终于把他逼得来了个180度的大转弯，走上了抗击八国联军的战场。裕禄下令，驻津清军分兵数路进击租界地内的敌人，一鼓作气地攻破紫竹林，杀尽洋人。然后顺河东下，收复大沽炮台，以雪战败失地之耻。同时，他还招来各路义和团首领，到总督衙门议事，并发给团民刀枪，鼓励他们奋勇杀敌，抵御外侮，报效朝廷。

　　义和团和清兵分兵数路，向租界地猛攻，炮火摧毁了许多建筑物，尤其是法国租界的房屋，几乎全被炸成瓦砾。20日晚，大沽各国舰队的海军将领们接到了天津租界内的求援信，立即召开紧急军事会议，决定由俄、英、德3国海军将领率兵驰援天津租界。21日，八国联军7200余人分作两批离开大沽，扑向天津，一路之上，步步遭到义和团战士和爱国清兵的激烈抵抗，付出了惨重的代价。直到23日晚上才到达租界。这时，紫竹林租界内的八国联军已超过万人。其中俄军最多，竟达6000人。他们在租界内重新部署兵力，组织对义和团和清军的反击，并与占领老龙头火车站的俄军相呼应，在陈家沟、马家口等处大肆烧掠，企图牵制围攻租界的中国军民。

　　27日清晨，俄、英、法、德、日、意等国军队2800余人冲出租界，三面出击，攻占了东局子兵工厂，同时还向受义和团围困的老龙头火车站大量增兵，欲图控制海河左岸。

当天，天津义和团首领曹福田按捺不住心中怒火，向租界内的侵略军下了一道战书，与其约期在东郊旷野开战。曹福田在战书称："刻下神兵齐集，本当扫平疆界，玉石俱焚，无论贤愚，付之一炬。奈津郡人烟稠密，百姓何苦，受此涂炭。尔等自恃兵强，如不畏刀避剑，东有旷野，堪作战场，定准战期，雌雄立见。何必缩头隐颈，为苟全之计乎？殊不知破巢之下，可无完卵，神兵到处，一概不留。尔等六国数十载之雄风，一时丧尽。如愿开战，定准战期。"但紫竹林内的联军首领们自是不会应战。他们缩首于租界内，依恃着坚墙高楼，抵抗中国军民的围攻。双方在租界内外，你争我夺相持不下。

同一日，张德成率领静海一带的义和团7000多人，高举"天下第一团"大旗，分乘20多艘大船，浩浩荡荡地开到天津，参加抗击八国联军的战斗。张德成，北运河上船工出身，身体健壮，精通技击。1900年初，他在自己的家乡独流镇设坛聚众，组织起义和团，抗击洋人洋教和地方官僚的欺凌。此时，当他获知大沽炮台陷落和列强进犯天津的消息后，乃毅然率领团众开赴天津。到了天津之后，他与曹福田、黄莲圣母林黑儿等义和团首领一道，于次日联合飞撒揭帖，宣告29日将在老龙头火车站与列强决一死战。

6月29日，原驻芦台至山海关铁路沿线的马玉崑所部新左军，开至天津。他们立即与张德成、曹福田所部义和团协力作战，猛攻火车站。中国军民曾几度攻入车站，但皆被负隅顽抗的敌军击退。就这样，双方你来我往，在老龙头车站展开了拉锯战。

7月5日，直隶总督裕禄邀集曹福田、张德成、聂士成、马玉崑等人来到总督衙门，共商战守计划，调整兵力部署，分兵进击侵略军。最后决定，由曹福田所部义和团和马玉崑所部新左军，协同作战，继续进攻老龙头火车站，控制紫竹林西北要路，切断天津租界与大沽口侵略军的联系；张德成部义和团协同聂士成所部武卫前军则从西、南两翼夹攻租界，从背部对敌人构成威胁，并负责天津城南门的防务。至此，中国军民商讨了一个较为完整的作战方案，形成了对紫竹林租界三面夹击的态势。

从6月15日前后开始，曹福田就率领义和团对老龙头火车站进行攻击。但是近20天的进攻，一直不得结果，曹福田心头冒火。他决定不惜一切代价，夺回老龙头，挫败联军于海河左岸钳制津城的意图。从总督衙门出来后，他严格挑选了一支由500人组成的突击队，决意乘夜幕偷袭敌军营垒。同时，清军副将黄星海也率水师营官兵，携带大炮赶来助战。7月5日夜晚，义和团战士们在清军炮火的掩护下，猛扑车站。侵略军措手不及，纷纷窜出车站，迎头却又碰上了义和团民们上下翻飞的大刀和利剑。很快，在中国军民的联合进攻下，盘踞老龙头火车站近20天的侵略军，终于被杀得丢盔卸甲，渡河败退回租界去了。这样，老龙头火车站终于暂时被中国军民奋力夺回，马玉崑部清军和曹福田部义和团驻扎在这里，实现了从右路钳制租界地内联军的战略部署。

张德成部义和团也按照7月5日的军事部署，于当天进驻租界地西面的马家口。7月6日夜，租界地内的联军化整为零，准备偷袭张德成部义和团。张德成将计就计，先令义和团撤离营地，四下埋伏，伺机歼敌。当侵略军闯入义和团营地内，才发现是一座空城，立即明白中计，待要返身退出，为时已晚。此时，义和团已经擂响了战鼓，四面八方喊声震天，街头巷尾拥出无数拳民，直向敌人冲杀过来。联军阵脚大乱，夺路窜逃。张德成率部乘胜急追，把敌人赶回租界，已然天放光明，这才得胜收兵。

对于义和团的贴身肉搏，八国联军感到十分头痛。他们龟缩于租界内，不敢出击，却也怕中国军民向租界地内攻击，便在各重要的交通路口，埋下许多地雷，企图阻挡义和团的进攻。为了减轻伤亡，冲破敌人的地雷封锁线，张德成决定仿效战国时代齐将田单火牛破燕军的战术，于7月8日，在天津租界地内大摆火牛阵。他请天津知县准备了50头黄牛，令人在牛的双角之上各绑一把利刃，并在牛尾挂一串鞭炮，在牛背缚着硫黄柴草等易燃物，用火药线与尾部鞭炮相连。然后把牛赶到租界路口，头东尾西，点起鞭炮。顿时间噼啪不绝，牛群受惊，拼命地冲向租界深处。前面的黄牛踏响地雷，后面的黄牛更是狂奔乱撞。联军见状，便想上前拦截。但是，受惊的黄牛见有人拦阻，更加暴怒，梗着脖子直冲过去，角上利刃一挑，便有联军士兵被刺毙。等牛尾鞭炮放完，火药线便把牛背上的物品引燃，牛背烧灼疼痛，更发性狂奔，逢人便挑，遇物便撞。租界地内很快火起一片。张德成指挥团民，乘势掩杀。那些逃出火海牛阵的联军，又遭到义和团士兵们的一顿猛砍。这一仗，直把个紫竹林租界搅得天翻地覆，焦头烂额。神奇的火牛战术，在几千年后又一次在中国人民抗击外强欺凌的战场上大放神采。张德成"天下第一团"的大旗，呼啦啦地招展在硝烟弥漫之中。

与此同时，聂士成部清军也从南面向租界地发动了猛烈的攻击。聂士成，字功亭，清军淮系将领。安徽合肥人。此时聂士成任直隶提督，所部清兵共13营，属军机大臣荣禄所辖之武卫军，原驻芦台为前军，故史书上称聂部为武卫前军。1900年初，聂士成奉清廷之旨，提师进剿义和团，与拳民们多有厮杀，曾给义和团造成过重大的损伤。大沽炮台失陷后，八国联军猛犯天津，津门形势危急。聂士成激于民族义愤，与义和团尽释前嫌，携手并肩，抗击侵略，保卫天津。

7月5日当天，聂士成即率部进驻天津城南门外的海光寺，并于下午1时许开始向租界内发炮轰击。接着，聂提督亲率两营清兵迅速从海光寺向租界逼近，并再次在小西南门围墙上架炮轰击。夜间，聂士成挑选精兵强将100多人，乘船渡河，偷袭跑马场，击溃敌军，然后在跑马场和八里台扎下营盘。从而从南面形成了对租界的攻势。

6日清早，聂军又从西局子向租界发炮轰击。下午，又从跑马场一带由南向北，向紫竹林集中发炮。八国联军遭到前所未发有的炮火轰击。他们集中在小营门一带进行疯狂的反击，并向天津城内开炮。晚上，乘着夜色，聂士成率部沿马场道攻击前进，一直打到紫竹林南部边缘的小营门一带。

连日的激战，八国联军一直处在被动挨打的境地，租界内一片慌乱。7月8日晚，各国军队首脑再次召开紧急会议，决定集中兵力，由中路向西，冲破清军和义和团的防线，突破被困的局面。

第二天凌晨4时左右，一队日本骑兵首先冲出租界，迂回向南直扑天津南郊的纪家庄，打算从这里折而向北，从背后夹击八里台一带的聂部清军。同时，由600余名英军和俄军组成的大队联军，冲出租界，由北向南，向小营门、马场道一带聂军发起猛攻。聂军火力敌不过联军，被迫沿马场道撤向八里台。联军紧追不舍，双方在八里台展开激战。

打到6时左右，日军从纪家庄冲到聂军背后，占领了八里台南方的桥梁一带。另一队日军占领了三叉点，把聂军团团包围了起来。双方激战两个多小时，各自伤亡惨重。聂提督亲临战阵，发炮作战。激战中，他两腿均中敌弹，营官宋占标请他回撤，他慨然拒绝。此时，聂士成遭此惨败，心萌死志。他驱马立于八里台桥上，傲然说道："此吾致命之所，逾此一步非丈夫矣！"说完挥臂策马，向前猛冲，又被敌枪击中腹部，血流肠出，犹自挥军向前。不久，一颗子弹由口中射入，穿脑而出，另一弹洞穿太阳穴，聂提督依然忍死不仆，浴血力战。最后，胸膛中弹，壮烈捐躯。此一役，爱国将士阵亡350多人，前来助战的义和团民也牺牲了450多人。天津河水，染成赤红。

八里台血战作为天津保卫战最为关键的一役，遭到失败。接着联军乘胜重又攻占了西局子，并在老龙头击败了马玉崑所部清军和义和团。外围屏障尽失，八国联军形成了对天津城三面环伺的局面。10日下午，又有2500名侵略军由大沽开到租界，至此，列强在天津租界内的陆战队已达14600多人，并拥有海军近2500人，大炮42门。他们于13日清晨开始向天津城发动攻击，到第二天上午突入城内。守城清军和义和团在南门、东北角和城内大街小巷之中与侵略军展开了殊死肉搏，最后终因战斗力悬殊，弹尽粮绝，撤出了天津城。八国联军付出了750多人伤亡代价，攻占了北京的东大门。

八国联军攻进天津城后，分区占领，在城内进行了灭绝人性的烧杀，大大发泄了一番兽性。之后，他们于7月22日，组成了由俄国沃加克上校、日军参谋长青木宣纯中佐和英军鲍维尔3人组成的"天津都统衙门"，对天津人民实行残酷的殖民主义统治。从此，津门大地，陷入了沉重的苦难之中。

五　国都沦陷　北京城惨遭浩劫

1. 李秉衡哀叫三声"死罪"

下一步，八国联军的目标便是杀向北京，去占领这座中华帝国的文明古都，再次把清政府打垮打服。

8月4日，联军1万多人，从天津出发，沿着运河两岸，向北京进犯。5日联军占领北仓，6日攻下杨村。宋庆、马玉崑收集残部败退通州。直隶总督裕禄见大势已去，事不可为，口呼智穷力竭，有负国恩，自杀殉国。

8月6日，时任帮办武卫军事务大臣的李秉衡带同几个幕僚，出都御敌。李秉衡，奉天海城人，字鉴堂。对于外强凌侮，他一贯主张抗击。1897年巨野教案中，因其对大刀会采取纵容的态度，并表示要坚决抗击外族的侵略，在德国的压力下，被清政府革除山东巡抚职。从1900年起，清廷起任他为巡阅长江水师大臣，他依然积极主张抗战，并曾亲赴江阴江防阵地，饬令官兵，凡发现有敌舰入江，便可开炮轰击。八国联军攻占大沽、天津后，李秉衡奉朝廷之诏，率师进京"勤王"。在慈禧太后面前，他力阻屈膝求和，强烈要求开赴前线，与八国联军决战。7月底，慈禧太后任命他为帮办武卫军事务大臣，节制各省进京勤王之师，抵御列强来犯之敌，保卫京师。

李秉衡受命于危难之际。临出国都，他慨然宣誓道："宁为国而捐躯，勿临死而缩手。"数百名义和团民感于他的一腔斗志，紧随其旁，开往前线。

8月7日，李秉衡抵达码头，与夏辛酉的勤王军会合后，继续向前。9日，到达河西务，齐集所辖勤王之师张春华、陈泽霖、万本华和夏辛酉四军。这时，八国联军已尾追溃败的清军至河西务。李秉衡虽名义上节制四军，但实际上，各军将有惧心，兵无斗志，自是无力与来势汹汹的八国联军对抗。在八国联军的猛烈攻击下，河西务很快失守。李秉衡只得退至码头。

李秉衡依然想重振旗鼓，与联军决战。无奈联军来势太猛，各路勤王军军心涣散，畏敌如虎。陈泽霖军不战自溃，逃奔济宁；张春华军望风披靡，狂奔而溃；万本华军溃逃向北，败退山西；夏辛酉军败而向南，逃往山东。李秉衡再退至通州张家湾。

8月11日，八国联军攻至张家湾。这时，随同李秉衡出京的数百名义和团民也被八国联军打垮冲散。在他的身边，除了几个幕友外，已无一将一卒，再无丝毫力量抵御联军。李秉衡见败局已定，勤王无果，心情惨痛。他对身旁幕友痛诉道："弟此番奉诏出都，勤王御敌。但连日来目击情形，令人痛心。军队数万充塞道途，然皆存惧敌之心，闻得敌讯，则即溃逃一空。弟虽名义上节制各军，督师抗战，实未一战，吾心何甘！致令洋人所经，焚掠一空。弟自少及老，所经兵火，不在少数。兵将似今日情形者，实属罕见。国家积弱，屡蒙外辱，岂旦夕之故哉！岂旦夕之故哉！这张家湾一地，就是我的死所了。你们各寻生路去吧！"言毕痛泣。

遣散诸僚之后，李秉衡面向京师，匍匐于地，惨声高喊："皇上！皇太后！臣上负朝廷隆恩，下负生民热望，无可逃罪，若再偷生，是真无人心之人了！臣心力交竭，天下事从此不可问矣！臣死罪！死罪！死罪！"说完服毒自尽，捐躯于国门之下。

李秉衡死后，八国联军不费一枪一弹，占领张家湾。12日，联军向通州进攻，宋庆望风而逃，通州这座古城落入联军魔掌，即刻化作一片废墟。13日，八国联军经过一路烧杀，在身后抛下了一片片焦土瓦砾后，终于兵临北京城下。

2 慈禧的"西狩"

在八国联军的大队人马杀到北京之前，各国公使和使馆卫队一直处于义和团和清军的围困之中，惶惶不可终日。从6月21日清廷向列强宣战后，大队义和团和清军开至东交民巷使馆区，由荣禄统率，轮番攻击。但由于使馆区内的洋人依仗着坚墙高壁，进行拼死抵抗，中国军民虽猛攻多日，却始终不能攻下使馆区。

地处皇宫西北角外的西什库教堂，也成为义和团与侵略军作战的主要战场。西什库教堂又称北堂，是法国天主教在北京城内最大的教堂，同时也是列强利用宗教对中国进行侵略的指挥部之一。法国主教樊国梁在这里经营多年。为了对付义和团的攻击，他把先行进京的使馆卫队中的40名法、意士兵调到北堂，并把数十名洋教士和上千名教徒聚集在一起，组织武装，负隅顽抗。

就在义和团同侵略者进行殊死搏斗的时候，皇城内的慈禧太后却又逐渐改变了态度，变战求和。她因一时火大，赌气般地向列强宣战，似乎仅为了以此向侵略军发一发脾气而已，一旦她发觉自己的震怒未被列强放在眼里，列强反倒是步步进逼时，她转而变得低三下四，开始向洋人眉目传情，试图求和了。对义和团，她一方面控制利用，一方面瓦解剿除，使中国人民的反帝爱国斗争，蒙受巨大的损失。

驱逐洋人出京和宣战诏书发布还不到5天，6月25日，慈禧太后就令荣禄差人在御河桥上悬起了白旗，树立木牌，上书"钦奉懿旨，保护使馆"，并责令围攻使馆的中国军民停战，开始同使馆内的洋人议和。慈禧太后态度的骤然变化，使得中国军民非常不满，董福祥部甘军当天击毙了一名为荣禄向使馆内送信议和的使者，并再一次从四面八方向使馆区开枪射击。

但是，慈禧和荣禄都没有把中国军民奋勇抗敌的坚强决心当做一回事，这一天夜间，他们又派人为使馆区的洋人们送去面包、牛肉、鸡蛋和水果等食物，向侵略者讨好献媚。

6月26日,两江总督刘坤一、湖广总督张之洞等人与列强驻上海领事,议定《东南互保章程》,向列强屈服,并致电朝廷,力主剿除义和团,与列强罢战求和。7月8日,慈禧任命李鸿章为直隶总督,电召入京,主持议和事宜。八国联军攻占天津后,北京形势骤显紧张,慈禧太后更加惊慌失措,她一面电诏各省派兵进京勤王,一面于7月17日致电美、德、法三国,乞求停战议和,同时下令清军停止对使馆区的进攻。8月7日,清廷任命李鸿章为全权议和大臣,连连电催,不分水陆,火速进京;并授权李鸿章,即日与列强政府电商,先行停战,筹措议和事宜。

可是,慈禧太后暗护使馆、卑屈求和的行为,并没有得到八国联军的理睬。侵略军依然杀气腾腾地扑向北京。慈禧太后眼见京师势将不保,一面暗骂洋人不够交情,自己这些年来对他们唯命是从,把自己的家当向他们奉送了不知几许,只是这一次自己的脾气发得稍稍大了一点,他们就不依不饶,非要打到北京来不可。同时,她也暗自在心中打定主意:一旦京师真的不能保全,说不得只能把这花花世界拱手让于洋人糟蹋一番了。她先于心中立定了"西狩"避敌的方策。8月6日,她任命大学士昆冈为留京办事大臣,同时派军机章京为前站先行,到长辛店待驾,为自己逃离京师作好了准备。消息传出,上下为之震动。

8月14日,八国联军迫不及待地向北京发动攻击,守城清军和城内的义和团与之展开激战。北京保卫战的战幕拉开。

俄军首先于凌晨攻破东便门，进入外城，接着向内城攻击，遭到内城守军和义和团的激烈抵抗。中国军民在内城城墙上的箭楼之中，向下枪炮齐发，重伤攻入的俄军。在京城东部，日军猛攻朝阳门和东直门，同样也遭到了中国军民的英勇抵抗。日军久攻不下，恼羞成怒，集中50多门大炮，向东直门和朝阳门猛烈轰击，炸毁了朝阳门城楼和大段城墙。到晚上9时，一队日军工兵，在夜色掩护下扑到朝阳门下，用炸药将城门炸开；与此同时，另一队日军也攻破了东直门和安定门，由东、北两个方面突入内城。但在内城，日军同样遭到了中国军民的殊死抗击，直到次日下午，日军才进至东交民巷的使馆区。

正当日、俄两国军队拼死进攻内城之际，英、美军队也向兵力空虚的南城发动了进攻。下午1时许，英军几乎未遭到任何抵抗便攻入广渠门，突进外城，首先派兵占据了天坛。然后按照英国公使事先送来的密信上所描绘的道路，避开清军守军，在御水河中寻找到可通内城的水门，砸开铁栅栏，涉过没膝深的污水，由水门进入内城。到下午3时许，英军首先开入使馆区。1个小时之后，美军也以同样的方法进入内城，抵东交民巷。

八国联军攻入内城，北京便告陷落。但这时，紫禁城和皇城依然在清军和义和团的防御之下。进城的联军久已垂涎紫禁城内的奇珍异宝，他们决定进一步攻打皇城。

在八国联军向北京疯狂进攻的同时，慈禧太后在紫禁城内被吓得六神无主，颜色更变。14日，她一天召开5次御前会议，经过反复争论，最后决定"出京西巡"，以作暂避之计。因路途凶险，随行护驾几乎无人敢于承担。最后，能应召进宫的大臣，只有载澜、载漪、刚毅等少数几人，余者早已逃避无踪了。

8月15日，天尚未明，载澜驰入宫内，气急败坏地告诉慈禧，洋人已突入内城，并且正在准备进攻皇城。慈禧闻言大惊，身着金银宝衣，欲投水自尽，载澜上前把她拉住，劝道："不如暂离京师，徐为后计。"至此，老佛爷可真是再也没有咒念了，她又赶忙更换轻衣便装，携光绪皇帝、大阿哥、奕劻、载漪和刚毅等十几位朝臣，由数千清军护驾，由西华门出德胜门逃出皇城，继经颐和园、居庸关等处，狼狈万状地向西"巡狩"。荣禄没有赶上随驾西巡，也仓皇地从西直门逃出，收拾残兵败将，败向保定。

在清廷上下弃国外逃的同时，八国联军向皇城发起了进攻。联军野蛮地用大炮轰开了前门、天安门，由此攻入皇城，清军和义和团付出惨重的牺牲，终于没有能抵挡住列强的攻击，被迫撤出。昔日庄重森严而又金碧辉煌的紫禁城，此时已处于八国联军的炮口之下。

16日晨，联军派出法、俄、英、奥4国军队约2000余人，带着8门山炮、4门野战炮和3挺机枪，由大清门向西，至宣武门折而向北，再从西安门进入皇城，前往解除西什库教堂之围。一路上遭到隐蔽在街垒、民房和围墙后面的义和团和爱国清军的节节抵抗。法国主教樊国梁爬上教堂高端，几次吹响法国军号，才与援军取得联系。经过几个小时的激战，联军部队攻入北堂，解了西什库之围。中国军民与侵略者从一条街战斗到另一条街，从这个院落打到另一个院落。但是，在八国联军猛烈炮火的轰击下，他们付出了600多人牺牲的代价，最后撤出了战斗。

至此，八国联军完全控制了北京。四十年前陷落的悲剧，今日再度在清王朝的帝都重演。

8 古都里来了一群强盗

早在几个世纪之前，就有西方人从中国回到欧洲散布，在地球的东方，有一个用金子堆成的城市叫北京。从那时起，西方人一直被这个传说吸引着，对北京的富饶垂涎三尺。今天八国联军作为新的一代侵华军队，终于用炮火轰开了北京的大门，蜂拥而进，在街头巷尾横冲直撞，烧杀淫掠。这些来自"文明世界"的野蛮人，他们何尝梦见过古老东方帝国巍峨壮观的帝都景象。他们怀着极端的嫉妒心理和无法满足的贪欲，极尽一切暴行对这文明帝都进行极端残酷的摧残。进城之初，八国联军纵兵三日，烧杀掳掠，为所欲为。他们以消灭义和团为名，对中国人民进行疯狂的报复。凡是义和团曾经设过拳场的地方，全部被八国联军炮击火焚，化作一片焦土。即便是端王府、庄王府、户部衙门等处，也不能幸免于难。义和团没有设过拳场的地方，八国联军同样也不放过，炮口所向，尽成一片火海。大批的官府衙门、寺庙、民房，全为烈火焚毁。整座北京城，连日里被滚滚浓烟笼罩着，腾腾烈焰，昼夜不熄。

烧杀相连。八国联军入城之后，对北京市民和义和团民进行血腥的屠杀。仅在庄王府一处，侵略军就杀死团民和居民1700多人。不论在哪里，只要遇到拳民或者像拳民的人，立即枪毙。对于普通的无辜居民，他们也不分青红皂白，凡遇上，即开枪射杀。有一次，法国军队把一队逃难的平民赶进一条胡同里，然后架起机枪扫射，直到这些人全部被杀死。在皇城之内，屠杀更是惨烈。联军逢人就杀，简直像一群疯狗，肆无忌惮地向手无寸铁的人们噬咬。城内的大街小巷，尸横遍地，弃物塞途。幸存的人们要想挪步走路，只有踏尸而行。后来，在清理死尸时，联军又强逼幸存的居民抬尸挖坑，待得事毕后，又丧尽天良地把这些抬尸的人尽数杀死，推入坑中，一并填埋。其残虐的程度，史所未见。在八国联军的杀戮之下，北京城内城外，尸积遍地，血流成河。7月炎日，尸肉腐烂，满城腥臭，恶犬争食，更是触目惊心。到处是阴风凄惨，遍野是断肢残骸。中华帝都竟成一片人间修罗场。

烧杀的同时，八国联军还对北京城进行了举世震惊的疯狂劫掠。这场浩劫，从北京城破时开始，一直到联军撤离止，其持续时间之长久，劫掠行为之卑鄙，盗运中华瑰宝之众多，均为中外历史所罕见。八国联军进城后，先是纵兵数日进行公开的抢掠。然后，又

五　国都沦陷　北京城惨遭浩劫

以搜捕义和团为名,在北京的各个角落继续抢掠。联军的将领、士兵、传教士、公使及其随员等,无一不趁火打劫,加入了抢掠的行列。北京城在瞬息之间,变成了强盗们的乐园。从皇宫、三海、颐和园、坛庙、陵寝、王公府第、官府署衙,直到民房商铺,无一例外地遭到洗劫。北京的金银翡翠、历朝古玩、珍宝异器、法物图籍,尽为侵略者掠走。

在紫禁城内,这群强盗以参观为名,进入各个宫殿之中,把自己看中的珍宝文物卑鄙地劫出宫外。至这一年的冬天,紫禁城内各宫之宝,丧失过半;在三海,八国联军更是肆无忌惮地公开抢掠。各国强盗聚集在这里,各显神通,连抢带偷,劫尽珍玩,盗空贵重。历代所集,同遭厄运。北海之雕梁画栋,蹂躏成墟。紫光阁中的图书画籍,遍地狼藉。瀛台珍玩,囊括无遗。仪銮殿上之珍奇珠翠,荡然无存。一些体大量重的文物,侵略者们无法搬走,他们就索性放上一把火,化为灰烬。三海御苑,一片狼烟,四照空壁;在颐和园,俄、英、意三国军队轮番进入,轮番洗劫,历朝珍贵文物、图书字画、金银珠宝,各地封疆大吏从民间搜刮所得献给慈禧的碧玺宝石、翡翠罕物,全被抢走。在佛香阁的排云殿中,原有什锦柜10座,其中所存珍宝,不可胜数,经此一劫,柜中只余下一层层空格。另外还有许多洋人,也假参观之名,进入园内,想方设法掠得一两件物品,"以资纪念"。他们甚至把各处殿宇宫室窗间的雕花刻板撬开运走,墙壁上糊裱张贴的字画,也用刀剔手抠,掳窃出园。这样,一座奇珍满园的皇家园林，在强盗们的强取豪夺之后，到处是残壁漏窗，满目疮痍，凄凉破败，不堪目睹。

在洗劫皇家宫苑的同时，八国联军还对各部府署、官衙库款、王府大院、士绅宅第和店肆民居进行大肆抢掠。在礼王府一处，法国侵略军抢走现银 200 多万两，外加无数金银珠宝，用大车整整运了 7 天。各衙库款，据后来的一个不完全统计，被劫约达 6000 万两。店铺、当铺、民居，无一幸免，强盗们挨门逐户，踹门而入，卧房密室，无处不到，翻箱倒柜，无处不搜。凡金银钟表、值钱细软，一律劫走。居民稍有阻拦，便会遭到枪杀刀刺。此去彼来，一日之内竟有数十次者。

对于一些体大物沉的文物、不便带走的古籍，八国联军动辄纵火焚烧。经 1860 年英法联军洗劫之后所余的《永乐大典》，此番又失去 607 册，大内所藏的其他珍贵图书，被焚毁 46000 余册。清廷六部九卿各处衙署的档案文稿和翰林院等处所收藏的图书，也四方散佚，损失的数量和价值，无法估算，更无法弥补。

被八国联军抢劫的大批珍贵物品，除有一部分当即在北京市面上拍卖外，其余大部分精美绝伦、价值连城的稀世珍品，尽被侵略军带出中国，流落海外。法军司令福里曾经把 40 箱珍贵文物寄回国内，俄国将军利涅维奇也在回国时带走 16 箱珍贵文物和奇珍异宝。北京城东古观象台上的天文仪器，巍巍壮观，雕工绝伦，造于康熙年间，竟也被德、法两国瓜分，分别运往德国和法国的博物馆。对于八国联军在北京的抢劫，就连其总头目德国人瓦德西事后也不得不承认说："中国此次所遭受毁损及抢劫之物，其详数将永远也不能查清，但数目极为巨大，将是无可置疑的。"

除了在北京烧杀掳掠之外，八国联军还以北京为中心，东至山海关，西至娘子关，北至张家口，南到保定，四出掠杀，追剿义和团，企图把中国军民的反帝怒火彻底扑灭。广大的义和团众则步步为营，人各为战，在华北辽阔的土地上，与侵略者进行了浴血奋战，令八国联军每前进一步，都要付出血的代价。在北京，八国联军还划分区域，分段占领：永定门以东向北至东珠市，为英军占领区；永定门以西向北至骡马市，为美军占领区；内城四牌楼以北为日军占领区；崇文门以西经珠市口至广安门一线之北的外城区域，为德军占领区。皇城之内，八国联军同样瓜分占领：英、日、德军占领东半部，美、法、俄占领西半部，意大利占领北部区域。为了征服占领区内幸存的中国居民，侵略者还强令他们悬挂占领国的国旗。于是，米字旗、日丸旗、星条旗，各种三色旗花花绿绿地张扬在北京的大街小巷，向中华民族炫示着西方强盗们嚣张一时的侵略气焰。

六　白山黑水　军民携手战仇雠

东三省的义和团

1900年初，义和团运动发展到东北三省。这一年的3～4月间，营口一带盛传有神师降世，专收青少年为徒，传授神技，刀砍不伤，火烧不焚，当地很多民众争相加入。到5月初，奉天城就有人公开设坛练拳，收徒传艺，组织义和团。当时有一个叫张老道的义和团首领，从关内来到东北，在盛京东部地区收徒聚众，传授神拳，义和团运动在东北地区得到进一步的发展。当时，东北地区的义和团也同北京和天津地区一样，男的称作义和团，女的称为红灯照，一时之间，练拳入团，蔚然成风。

随着义和团在东三省逐渐走向高涨，长期潜伏在东北地区的白莲教之一支礼教这时也开始公开活动。他们同义和团结作同党，以师兄弟相称。到6月间，奉天、盛京和黑龙江三省均出现了义和团组织。他们到处散撒揭帖，耍刀舞棒，扬言要杀尽天主教和耶稣教中之人；同时还拆毁铁路，焚烧教堂，逐杀洋人，给列强在东北地区的侵略权益以极大的打击。此时，正值直隶义和团大批拥进天津、北京，东北地区的义和团也深受鼓舞，热情更加高涨。7月间，奉天省内自海城向北到开原的铁路，除鞍山站之外，全部被义和团拆毁。天主教在盛京的总堂也被团众焚毁，主教纪隆被击毙。在吉林和黑龙江省境内的洋教堂同样遭到义和团的攻击和焚烧。这样，从奉天南端的辽东半岛到黑龙江畔的瑷珲城，从三省东部地区的珲春、牡丹江到西部地区的扎兰屯，义和团在整个白山黑水间点燃了反洋斗争烽火。

中国广大的东北地区，一直被沙皇俄国视作自己的"势力范围"。俄国人既不容许其他列强势力伸入这一地区，同时更不能容忍中国人民的反抗。而最终侵吞中国的东三省，更是沙俄长久以来的既定国策。义和团运动在东三省的蓬勃兴起，使沙俄在东北的权益遭到很大的打击。所以，俄国在与其他列强一道挑起八国联军对中国的武装侵略的同时，又决定单独大规模出兵中国东北地区，镇压义和团运动，维护其在这一地区的特殊权益，进而实现它制造一个"黄色俄罗斯"的迷梦。

俄国财政部大臣维特和陆军大臣库罗巴特金曾就此事进行多次密商，库罗巴特金当时就十分露骨地叫嚷道："义和团在东北地区的反抗，将给我们一个占领满洲的借口，我们正可借此时机把这一地区变成第二个布哈拉。"维特似乎更狡猾一些，他不愿一下子撕去

"和平友好"的虚伪面具,过早地对中国采取毫不掩饰的战争手段。他认为:"我们暂时不要去有意地激怒中国人,这样才好保持我们在满洲的地位和利益。"沙俄政府也不希望即将竣工的中东铁路受到战争的影响,同意了维特的想法。6月26日,维特致电清廷内部亲俄的李鸿章,虚伪地声称:如果能使满洲的中国官吏维持地方秩序,并能设法保护北京使馆及俄国侨民,则俄国决不对华宣战。同时,他还电令俄派驻中国的机构对李鸿章及东三省的军政长官予以重金行贿,企图借清政府之手,扑灭义和团在东三省的反帝怒火。

但是,义和团的铁拳把维特的"和平"侵略计划击得粉碎,东三省人民的反抗斗争更加走向高涨。维特恼羞成怒,收起了他以往的虚伪面孔,向沙皇尼古拉二世建议,对中国东北地区出兵10万至15万,并叫嚣着要把中国人打得粉碎。

尼古拉二世接受了维特的建议。从6月下旬开始,他宣布沿阿穆尔军区的军队进入战备状态,并在该军区和西伯利亚军区进行军事动员。6月29日,沙俄南乌苏里派遣军和外贝加尔派遣军,共计22个步兵营、26个骑兵连,携带70门大炮,开往东北中俄边境。与此同时,中东铁路沿线的"护路"军队也开始频繁调动。沙俄大规模入侵的战争阴云,笼罩在东北地区上空。

② 寿山联民御侮

黑龙江将军寿山,字眉峰,1860年生于瑷珲。他是明末著名抗清将领袁崇焕的七世孙。甲午战争中，曾与其弟永山一道，提师南下，在凤凰城与日军血战数日。永山战死，寿山重伤。1899年，寿山被朝廷任命为黑龙江副都统，帮办边防练军事宜。1900年1月，前黑龙江将军恩泽病故任所，由寿山署理将军一职，主持江省军政。寿山上任伊始，目睹着外患日侵，国难迫切，乃废寝忘食，加紧训练新军，整顿军务，同时对江省吏治积案予以清理整治，革除弊端。不数月，黑龙江省军务吏治为之一振。

寿山从东三省义和团的迅猛发展中，看到了中国人民对帝国主义侵略的刻骨仇恨，同时也看到了蕴藏在人民中间的巨大力量，于是决定联民抗敌。6月末，他出示招募团民，认真备战。7月上旬，江省军民开始并肩战斗，向盘踞在境内的沙俄侵略者展开进攻。

对于沙俄的侵略阴谋，寿山也有着清醒的认识。他指出："各国觊我积弱，谋之已久。不厌其欲，必不可止。"战争之势业已形成，唯一的办法就是组织力量，誓死抵抗外来入侵。所以在俄国人的汹汹来势面前，寿山一面加紧练军备战，一面积极地组织义和团力量，联合军民，决心给来犯之敌以迎头痛击。7月1日，寿山上奏朝廷，剖陈东三省所面临的形势，力主战议，敦促朝廷断大计，固根本，安人心。他在奏折中写道："从前承平日久，民不知兵，故甲午一战，营勇见敌辄溃。前事未远，负痛方深，将士半系阅历之人，各省亦多精练之卒，正宜及其锋而用之。"在侵略者面前，我愈退而敌愈进，我愈畏而人愈欺。所以他恳请朝廷，示敌镇静，万勿动摇，不失时机地利用民心人力，与敌决战到底。

这时，八国联军已经攻占大沽炮台，广大的爱国官兵和义和团众也正在天津与敌人进行殊死鏖战。在发出奏折的当天，寿山接到了军机大臣函文，令他分练义和团民，厚集兵力，以御来敌。接旨后，寿山即于7月2日对黑龙江副都统发出咨文，令其备兵设防，编练义和团民，同时还令各部修理库储之旧有军械，发给团民，共事抗敌。

7月8日，沙俄阿穆尔总督格罗德柯夫借口"护路"，向寿山提出要把集结在海兰泡的数千名俄军，途经瑷珲、齐齐哈尔，开往哈尔滨。寿山当即严词拒绝了这一无理要求，并郑重地向俄国人提出：铁路在中国境内，自由中国负责保护，俄军如有进犯，定将遭到坚决回击。同一天，寿山又致电出使俄国大臣杨儒，请其转告俄国外交部，重申这一立场。

其实，出兵"护路"只是俄国人的一个幌子，沙俄的真正目的是要吞并整个中国东北三省。尽管它曾一再表白自己在东北的军事行动只是为了护路和镇压暴乱，但是实际上，连他们自己也公开承认，他们是借义和团反帝斗争这一"千载难逢的好机会"，为自己谋求利益。"从战事一开始，军部的欲望不仅是要惩罚义和团，而且也是想吞并满洲，这是一件公开的秘密。"

沙俄决意对中国扩大战争，对寿山的声明没有理睬。7月12日和13日两天，满载军队和战备物资的俄国兵舰和驳船,沿水路下航黑龙江,运往大沽、旅顺和哈尔滨等地。14日,阿穆尔军事长官格里布斯基派出一队俄兵企图越江偷袭瑷珲,拖带着4只驳船的"米哈伊尔"号轮船和拖有两只吊帆的"色楞格河"号军舰也奉命支援岸上行军的部队,准备随时把他们运到右岸。

寿山全力部署战备。他委派瑷珲副都统凤翔、呼伦贝尔副都统依兴阿、通肯副都统庆旗,分任北、西、东三路翼长,负责瑷珲、呼伦贝尔和呼兰各县的防务,并委派程德全为行营营务处总理,往来于各军之中进行联络。寿山明令凤翔等人:"如果俄兵过境,宜迎头痛击,勿令下驶!"

7月14日,俄军舰船继续顺流而下,当驶至三道沟附近的河面时,受到瑷珲守军的阻截。俄舰头目科尔什米德上校强令两舰起航,并发炮轰击卡伦山清军营地,企图越江。清军官兵忍无可忍,奋起反击,双方发生武装冲突。清军将士英勇作战,毙伤敌军7人,重创俄军两舰。15日,格里布斯基又令俄军舰船进攻瑷珲,并亲率骑、步、炮兵增援。双方枪炮齐发,交战激烈。当晚,中国黑河驻军炮击对岸海兰泡俄军,给侵略军造成重创,粉碎了敌人渡江入侵的阴谋。

格里布斯基渡江不成,反受重创,十分恼怒。他反咬一口,硬说中国军队开枪挑衅,决计对中国人民进行残酷报复。7月17~21日,他指挥俄军连续在黑龙江左岸中国的领土上制造了海兰泡大血案和江东六十四屯大血案,在不到四天的时间里,俄国侵略军残杀我无辜同胞一万三四千人，然后把尸首推入黑龙江中，滔滔江水，为之塞流。

　　寿山闻知惨讯，痛心椎骨，怒不可遏。他下令瑷珲守军痛击来犯之敌，并主动打过江去，为死难的无辜同胞报仇。瑷珲副都统凤翔眼见着同胞的惨死，更是怒火万丈，毅然下令驻军，踏浪渡江，进击俄军。7月17日晚，500多名义愤填膺的爱国清军和义和团战士，乘船飞渡黑水，到了与右岸的卡伦山相对的卜尔多屯，在江东六十四屯苦难的同胞们的配合下，埋伏于俄军一号哨所附近的一处洼地里。18日凌晨，中国军民在这里首先伏击了由一号哨所蹿出的百余名俄军。经过一场激战，打得敌人抱头鼠窜，在身后抛下一具具尸体。留于哨所内的数百名俄军听到枪声，从睡梦中惊醒，顾不得穿衣着靴，仓促应战，被中国军民打得乱作一团，狼狈地窜往渡口，爬上轮船，逃往精奇里江北岸。这一战，打死打伤俄军不下100人，给侵略军以应有的惩罚，同时也为江东六十四屯的同胞们渡江赢得了宝贵的时间。18日当天，英勇的中国军民，安全渡江，回到了瑷珲。

3　北大岭凤翔捐躯

　　7月下旬，沙俄动员全国兵力，总共128又3/4个营、78个连、340门大炮，约10万人的侵略军，兵分7路，大举入侵中国东北地区：西路军由第三西伯利亚军团担任，该军团总共有29个营、24个连，携70门大炮，由外贝加尔进攻海拉尔，越兴安岭，趋齐齐哈尔；北路军由海兰泡进攻瑷珲、墨尔根、齐齐哈尔；东北路军由俄第二西伯利亚军团承担，包括32个营、27个连，携90门大炮，由伯力出发，攻三姓，进逼哈尔滨；东路军是由从欧俄调来的3个步兵旅和东西伯利亚第四步兵旅编成的登陆军团，计33又1/2个营、13个连，携84门大炮，由海参崴、双城子进攻乜河、宁古塔，再趋吉林；东路军的另一部则由新基辅进攻珲春；南路军由俄第一西伯利亚军团担任，共有13又1/4个营、14个连，携96门大炮，由旅顺进攻熊岳、盖平、营口、海城、奉天；西南路则越山海关进攻锦州。东北大地上，乌云密布，白山黑水间，硝烟弥漫。东三省人民面临着一场史无前例的浩劫。

　　黑龙江省面对着七路俄军中的西路、北路和东北路三军，防务最为沉重，形势极为严峻。在如此险恶的形势面前，黑龙江将军寿山并没有惊慌失措，而是有条不紊地筹划江省的防务。他一方面于7月25日致电中国驻俄公使杨儒，把俄军在海兰泡和江东六十四屯屠杀中国同胞的惨案告诉他，请他就此与沙俄当局进行严重交涉；另一方面又于7月30日发布安民告示，声称自己一定能保全江省，使之固若金汤，令居民照常生理，不要听信浮言，冒昧迁徙。借以安定民心，鼓舞士气。同时，他还于前一天发布命令，告诫所属地方各部营官，同心协力，加强戒备，扼要驻守，不得稍事松懈，以期众志成城，保家卫国。他还在命令中特别指出，眼下与沙俄开战，势不可免，各地营官，要广集民团，厚集兵力，"各就当地情形，赶紧分练民团"，与义和团同心协力，共事御敌大计。

为了主动出击，打击敌人，寿山又于7月底数次电约吉林将军长顺，协同围攻俄军在江省的巢穴，以解后顾之忧。28日，聚集在哈尔滨的各路清军和义和团众，向市内发动猛烈进攻。霎时间，硝烟四起，弹片横飞，俄军节节败退，惊恐万状。但是，由于吉林当时也处于大兵压境的紧张局势之下，吉林将军长顺无暇分兵来援。不久，俄军援兵陆续开至，中国军民攻打哈尔滨失败。

俄军一直在黑龙江左岸，虎视眈眈地伺机强渡。8月1日，俄军在苏鲍季奇中将和连年刚博夫少将的率领下，分南北两路，夹击瑷珲。深夜，敌军偷渡黑龙江，袭击瑷珲的北大门黑河屯。驻守在黑河屯的中国军民奋起抵抗，与俄军激战4个小时。最后清军不支，且战且退，撤出了阵地。俄军占领了黑河屯之后，先是一番烧杀淫掠，然后扑犯卡伦山。驻守卡伦山的清军用炮火猛轰俄军，一度打退了俄军的进攻。爱国官兵横下一条心，誓与阵地共存亡，誓与敌寇血战到底。一名受伤的炮手，见俄军连长沃尔科夫骑马冲进阵地，毅然点燃了火药箱，与敌人同归于尽。

俄军在进攻瑷珲的过程中，遇到了未曾料想到的抵抗。中国军民舍生忘死，顽强抗击。从卡伦山到瑷珲城，每一处阵地上，每一个战壕里，都有清军和义和团的死守抗击，迫使着俄军"一处一处地打"，在中国领土上每前进一步，都要付出惨重的代价。

8月3日，海兰泡方面的侵华俄军司令连年刚博夫从一号哨所渡江督战。4日晨，俄军由南、北陆路及东路水面，向瑷珲城发动疯狂的攻击。

此时，瑷珲城的守军不足3000人，副都统凤翔也由于彻夜不眠，眼睛熬得通红。他急电寿山，请求速派援军北上。然而，他心中十分清楚即便是寿山派出援军，恐怕也已鞭长莫及了。但是，瑷珲父老恳请杀敌报国的呼声和爱国官兵上下一致的抗俄决心，使他横下一条心，决定与俄国人周旋到底。

战斗首先在城北的头道沟打响。凤翔亲临战场，督师御敌，"凤"字军旗猎猎作响。俄军司令连年刚博夫也赶到阵前指挥进攻。战斗十分激烈，双方都付出了惨重的伤亡。与此同时，城南和城东的俄军也发起进攻，三面炮击，瑷珲城内到处火起。到下午2时许，城北头道沟防线被俄军突破，余下的三四百名清军和一部分义和团众退守到城壕边上，凭借着木垒城墙和护城沟与俄军顽强作战。接着，大批俄军在城东江滩登陆，城西南的土岗也告失守，俄军逼近大佛寺，突入城内。爱国官兵和义和团众与敌人展开了巷战肉搏。战斗中，英勇的瑷珲军民为了保卫祖国的神圣领土，发扬了大无畏的英勇气概。清军官兵同仇敌忾，死力拒敌；义和团高举着"扶清灭洋"和"大拳民"的旗帜，冲杀在抗敌战场上。在城郊，有300多名爱国士兵英勇不屈地坚持战斗，直到最后全部牺牲。在城内巷战中，中国军民据房守屋，顽强抵抗，迫使俄军必须挨门逐户地攻打。中国军民们有的"同心守家"，矢志抗战；有的"身膏刀斧，视死如归"；有的死守炮架、阵地、工事，直到战死疆场；有的炸毁据守的房屋，纵火引爆，与冲上来的敌人同归于尽。他们的英雄行为，使侵略者惊叹不已："和平的中国人到底是怎么回事？他们许多人就像真正的英雄一样行动起来了。"

面对着数倍乃至十倍于己的俄军，凤翔决定撤往城外，在通向省城齐齐哈尔的官道上，选择有利地形，与来犯之敌决战。俄军占领了瑷珲之后，纵火焚城，火光烛天，数日不息，全城变成一片灰烬，无数居民惨遭杀害。接着，沙俄阿穆尔军区司令官格里布斯基发布了《警告清国人》布告，狂妄地叫嚣：自今而后，"凡属满洲人均不准重返黑龙江沿岸各个村屯"，如有不遵，"其城市和村镇将被焚毁，不准一人生存"。

凤翔率领千余名清军和义和团众边打边退，8月6日退守至兴安岭的二龙山上。这里是俄军进攻齐齐哈尔的必经之地，凤翔决定在此扼守，打击敌人。这时，数百名义和团众和两营义胜军奉寿山之命从齐齐哈尔赶来支援。中国军民利用二龙山的有利地形，埋伏于深草茂林之中，设围伏击。8月7日，1000余名俄军在连年刚博夫的指挥下追踪而至。敌人一进二龙山中国军民的伏击圈，即遭到清军和义和团战士的迎头痛击。凤翔督师包抄敌军两翼，义和团众们猛冲敌人中路，把俄军杀得阵脚大乱，狼狈溃退。第二天，连年刚博夫指挥俄军进行疯狂的反扑。他集中炮火，先把清军设于岭上的临时阵地轰毁，然后由马步俄军乘机直扑。凤翔督兵相杀，双方几番争夺，战况愈烈。终因伤亡太重，后援、补给两绌，清军渐形孤单。凤翔无可奈何，只得连夜放弃二龙山，退守北大岭。

北大岭是翻越兴安岭通向齐齐哈尔的又一关键要隘，是拱卫江省省城的咽喉门户，地势非常险要。但在如此重要的战略要地上，清政府竟未设一屯镇，筑一炮台。凤翔率部退守至此后，只能齐集各部残军，凭险据守，于岭下两旁山侧石后，埋下伏兵，准备等敌军深入岭底，然后四面出击。8月10日，俄军先头部队进入伏击圈，清军伏兵等不及敌人主力深入，便仓促发炮轰击，致使过早地暴露了自己的作战意图。连年刚博夫指挥俄军冲击凤翔之中路和右翼，并分派兵力向清军主阵地后方迂回，企图对中国军民实行反包围。凤翔率领清军和义和团众顽强抗击，将正面进攻的敌军截为两段，同时打退了从侧翼包抄过来的俄军，挫败了连年刚博夫的阴谋。但俄军来势凶猛，清军伤亡极重，凤翔只得再度督师后撤，凭倚着高岭险地，与俄军相持。

8月13日，连年刚博夫在得到补充后，又一次向清军阵地发动猛攻。他指挥俄军在岭下架设大炮，向岭上清军和义和团狂轰滥炸。凤翔严令军民"后退者斩"，亲临战阵，发炮击敌。激战中，凤翔右臂左足两处中弹，从马背上坠地三次，旋即跃身上马，忍痛督师，与侵略军鏖战不止。等中国军民拼死把俄国击退后，才由部下将他背回营地。当日晚，凤翔终因苦战力竭，捐躯于北大岭上。临终前，他猛声高喊："将军大人，非吾凤翔无能，实由兵弹两竭，无力拒寇也！愿大人好自珍重！"中国军民深感于凤副都统的爱国气概，在统领恒玉的率领下，怀着一腔复仇的怒火，乘夜扑下岭去，击毙俄军65人，把敌人逼退30余里。

4 齐齐哈尔的陷落

8月16日，俄军再度疯狂反扑。连年刚博夫集中6个步兵营、5个半骑兵连、20门大炮的兵力，猛攻北大岭。署北路翼长恒玉督率中国军民浴血苦战，重创敌军。但终因孤军无援，武器落后，将士死伤惨重，不得已于当日晚撤离。撤离时，练军一营营官赵德春率所部力战掣敌，不幸阵亡，全营将士争前死敌，全部壮烈牺牲，北大岭终陷敌手。俄军随即翻过北大岭，直扑齐齐哈尔。

凤翔死讯传至省城，寿山不禁痛哭流涕，仰天长叹道："天乎！奈何夺我左右手耶！"他当即电令自己在北路军中的儿子，为凤翔善治后事，视若父丧。他本人也亲至齐齐哈尔北关，设奠哭祭。

大兵压境，痛失良将，寿山心焦似焚，坐卧不安，思欲把将军印信交付江省副都统萨保护理，自己亲赴前线督战，萨保等人苦苦劝止，终未成行。

8月18日，俄军进逼墨尔根城，副都统博栋阿不事抵抗，所部弁兵，全行溃散，墨城陷落。接着，俄军又攻陷布哈特。恒玉率军退于博尔多的河南屯，据守讷谟尔河南岸。

在北路俄军长驱侵入中国东北的同时，西路军也于7月30日由阿普该图侵入，先后占领了完工车站、海拉尔，然后经雅克石、免渡河，向兴安岭另一要地西大岭进犯。退守西大岭的中国守军采取以攻为守的战术，主动出岭迎击敌军，打了几次胜仗。8月13日，在雅克石和免渡车站，双方激战甚猛，中国守军踏破敌军营寨9座，迫退敌军900里。但后来在呼伦贝尔附近的小桥子、黑山咀一带，受到敌人的四面包抄，损失很大。24日，俄军又自火燎沟窜入，进犯西大岭，中国军民腹背受敌，西大岭失守。东北路俄军也很快攻至呼兰。中国军民与敌人在这里展开浴血厮杀，情势十分严峻。

然而，在东北军民为保卫国土与敌人进行殊死战斗的关键时刻，以慈禧太后为首的清朝统治者却被侵略者的汹汹来势吓破了胆，变战求和。8月7日，清廷任命李鸿章为全权议和大臣，主持与侵略者谋求妥协求和事宜。8月14日，北京被八国联军攻陷，慈禧太后携光绪皇帝仓皇出逃，西奔西安。15日，李鸿章分电列强，请求罢战求和，未获列强答应。

关内京津之地，八国联军群魔乱舞；关外齐齐哈尔三面受敌，形势十分严峻。在此情况下，黑龙江将军寿山的抗俄意愿仍然十分坚定。他因亲赴前线督战未能成行，乃派行营营务处总理程德全赴前线督战，迎击来敌，同时向恒玉发出指令，要求他一定要扼守住讷谟尔河南岸。在省城，因守城兵力已然空虚，他更加紧操练义和团，恃为长城，又令萨保抓紧时机，挖沟掘壕，准备固守。

8月19日，寿山接到吉林将军长顺来电，称驻俄公使杨儒来电说俄国人有意缔和。24日，又接到上谕，告诉他朝廷已任命李鸿章为全权议和大臣，并指责他妄开边衅，罪在不小。

本来，寿山此时已然心惨意痛，拟与俄国人拼个鱼死网破，与省城齐齐哈尔共存亡。但是长顺的来电和朝廷的上谕，使他有些进退维谷了。然朝廷之命终难抗违，他只得写信给屯驻于博尔多的程德全，告诉他：朝廷已经派任全权大臣与各交战国议和，则俄国也自当在内；京师既已与俄国议和，则东三省亦自在内。指示程德全与在博尔多的北路俄军议和谈判，阻止俄军向齐齐哈尔推进。

但沙俄对中国的东北地区觊觎既久，战端已开，自无"缔和"之意。8月19日，尼古拉指令侵华俄军在占领北京之后，应将主要战场自直隶移向东北三省。格罗杰克科夫也致电俄陆军部大臣库罗巴特金建议："把俄国与中国的边界向南推进，将额尔古纳河与阿穆尔河的右岸和乌苏里江的左岸满洲的一部分，并入我们的领土是绝对必须的"，并且还认为，沿大兴安岭、伊勒呼里山、小兴安岭、肯特岭、老爷岭和崔家沟岭等山的山脊与中国划界，是俄国"应当提出的最低要求"。

程德全奉寿山指令，三次亲赴俄营与敌军当局谈判。但是，连年刚博夫秉承沙皇的意旨，狂妄地叫嚣："我们不和中国人谈判，要坚决地向齐齐哈尔进攻！"

程德全阻止俄军向齐齐哈尔进犯的意图不能达到,只得与连年刚博夫议定:俄军不攻城、不夺财产、人民官吏愿去者不阻、俄军在城北2里安营、清军向南撤离等。同时他飞函把情况向寿山禀告。寿山见无法阻止俄军来犯,齐城处于兵少饷绝的困境,而朝廷却又三番两次地电责他"妄开边衅",他心知败局已定,遂抱拼却一死,以图保全齐城吏民的心念,静观待变。

俄军长驱直入,进逼齐齐哈尔。8月28日,连年刚博夫出尔反尔自食其言,片面撕毁了与程德全所订的和议,下令炮击南撤的清军,对齐齐哈尔发动攻击,同时口口声声要见寿山。寿山在衙署之内听到炮声,知大势已去,无可挽回,乃决意以身殉职。

寿山死意既决,召集恒玉及瑷珲五司各官,黯然说道:"现在大局已成瓦解之势,士气损丧,不可复振。我身为江省将军,进不能保疆卫土,退不能抚吏安民,损兵失地,万身莫赎。只能图报来世了,后事汝等好自为之。"他又嘱托程德全和萨保说:"寿山辜负国恩,不能战,不能守,亦不能与俄人见面,万望汝等勉力忍耻,保全性命,收拾残局,护我江省父老。"言毕,泣下沾襟。他还致书连年刚博夫,请求他静候朝廷意旨,万勿残杀城内无辜居民。又把将军印信和阖省之旗营官民与残败练军托付给萨保,携回内地,以期各有着落。

然后,寿山写下他给朝廷的最后一道奏折。在奏折中,他痛陈江省因兵饷两绌、增援不至而致惨败的经过,表彰在抗战中忠勇献身的将佐,向朝廷保举卓建功勋的官员，恳请抚恤阵亡将士，并恳切地向朝廷提出了开设旗垦、增设民官、切实布防等治理江省的办法，以期强盛于异日。他还留书程德全等人，嘱托他们免死忍耻，代他向世人剖白自己战守两难、进退维谷的心迹，并期望他们可"图展鸿谟于他日，并可代弟吐气于将来也"，字字句句，直如杜鹃啼血；一腔忠贞，恰似长虹贯日！

一切安排妥当后，寿山命左右抬出棺椁，身着朝服，就卧于其中，吞金腹中，从容就义，时年仅41岁。

寿山死后，8月21日，连年刚博夫率领俄军进入齐齐哈尔，至此，黑龙江省全境终告沦陷。与此同时，其他几路俄军也分别攻占了吉林、奉天两省，哈尔滨、珲春、吉林、盛京、营口等城，全部陷于沙俄侵略者的铁蹄之下，无辜的东三省人民陷进了深深的苦难之中。

但是，沙俄侵略者的淫威没有使东三省人民屈服，他们很快擦干了丧亲失家的痛泣之泪，重新拿起武器与侵略者展开了战斗。在海龙、通化、宁古塔，在所有的城镇乡村，中国人民重又点起了抗击侵略的烽火。他们发动了大小数百次的战斗，先后克复十余个县、数十个村镇，涌现出一大批为民族生存舍生忘死的英雄，形成了巨大的抗俄声势，显示出了中国人民保卫国土的坚强决心，粉碎了沙俄制造一个"黄色俄罗斯"的美梦。

七 朝廷卖国 义和团扫清灭洋

1 "量中华之物力，结与国之欢心"

一旦真的与列强翻脸交战，慈禧太后很快就意识到自己绝非洋人的对手。八国联军兵临皇城，也使她彻底明白了自己假义和团之手消灭洋人、重新封关锁国以成一统的美梦已然化归泡影。怀着对洋人的极端恐惧，慈禧一行仓皇逃离京城，出居庸关，一路向西逃去，经宣化、大同，9月10日，行抵山西太原。山西巡抚招待甚殷，把他们一行安排在巡抚衙内。一个来月的逃亡生活，使清廷君臣文武历尽了风霜雨露，尝尽了辛酸苦辣，早已失去了往日在紫禁城内的森森威风。

逃亡路上，慈禧太后在车辇之中，担惊受怕。她越想心中越不是个滋味：40年之前，自己就曾和咸丰皇帝一道，被英法联军逼出京师，逃亡奔命。不期想40年后的今天，自己又遭此厄运，真是造化弄人。但此时慈禧太后却逐渐消却了对洋人欺凌的一番怨气，也不怪自己朝廷的腐败卑怯及疆吏将士的无能，反倒觉得义和团是这场灾难的罪魁祸首。洋人们携枪带炮，紧追不舍，她不敢发作；但这积压在心中的怨毒，她只得找借口向义和团身上发泄了。9月14日，清廷在太原颁下谕旨，声称：这次祸端全由"拳匪"引发，虽然朝廷多次降旨对之严加痛剿，但是拳民仍然胆敢到处啸聚，杀害良民，抢劫财物，视朝廷法度如无物。如果不对之严行剿办，则不足以惩凶戒顽。所以，命令直隶省各路统兵大员，对凡是有拳民聚集的地点，则勒令缴除器械，即日解散；倘使义和团再敢反抗，即当痛加剿除，"以清乱源而靖地方"。

昨日尚自对义和团昵称为"朝廷赤子"，今天却就如狗脸一翻，严令痛剿。堂而皇之的词句，掩饰不住慈禧太后的媚外嘴脸和卑怯心理。

八国联军在京、津、直隶一带四面出击，慈禧太后在太原如坐针毡。她觉得自己依然没有逃出危险地境，决意率领随行文武，离开太原，继续西逃。10月1日，清廷一行由太原再次动身，经平遥、介休、侯马、渡黄河、入潼关、过渭南，于10月26日到达西安。路途所经，各个州县铺张接待，扰民征捐，最终还是苦了平民百姓。到西安之后，慈禧一行先驻于南院陕甘总督府署，不久即移往北院巡抚衙内。此后一直在这里滞留。直到八国联军撤离北京，方才离陕返京。

早在7月8日，清廷即任命李鸿章为直隶总督兼北洋大臣，召其北上，主持议和。8月7日，清廷又任命李鸿章为全权议和大臣,令其即日电商各国外部,先行停战。两日后,李鸿章便遵从上谕在上海致电列强各国政府,请求接洽议和谈判事宜,但是遭到日、美、德等国的冥落和拒绝。德皇威廉二世当即明白地表示:"如果李鸿章落到我们手中,我们将扣他作为人质。"同时,威廉还狂妄地扬言:"在最近的将来,不是外交而是用武力来决定一切!"他希望利用时任八国联军最高统帅瓦德西的权力延宕战局,彻底击垮正在逃亡途中的清政府,以为将来向中国提出最高限度的侵略要求打下基础。所以他直言不讳地明令瓦德西:"中国人只要胆敢反抗,就把他们打碎!对于战后赔款的索取,也务必提高到最高的限度!"

对于李鸿章的全权代表的身份,各列强国家也各持有不同的态度,分歧很大。俄国一直希望装扮出一副伪善的面孔,首先向列强各国提出了撤兵议和建议,试图以此博得清政府的好感和信赖,换取它在中国东北三省的独霸权益。8月17日,俄国外交大臣即通知列强政府,请求各国同意李鸿章前往大沽,并接受他全权议和大臣的资格。

但是,列强为了各自的在华利益而勾心斗角。俄国人迫不及待地表态,李鸿章又素有亲俄的倾向,使其他国家都觉得俄国人居心叵测,深恐俄国政府通过李鸿章与清政府进行秘密交易,进而侵害各自的在华权益。所以,英、日、德等国都极力反对李鸿章作为议和全权代表。李鸿章虽迭次致电各国,呼吁停战议和,均未被理睬。

李鸿章数十年间为清廷倚为干城，与洋人打了不知道多少次交道，自然也不是一个愚笨迂腐之人。他看出了自己陷入夹缝之地，不被列强理睬的关节所在。8月25日，他上奏朝廷，请求添派英、美、日所企望的奕劻、荣禄、刘坤一、张之洞等人为全权大臣，共同办理与列强的议和事宜，用以减轻列强对议和代表的争议，早日把列强各国拉到谈判桌边来。8月31日，清政府接受了李鸿章的奏请，下谕添派刘坤一和张之洞为议和大臣，并再次敦促李鸿章迅速回京，会同奕劻力挽危局。

9月15日，李鸿章乘英轮"平安"号从上海出发，北上赴津。临行前，他联合刘坤一、张之洞和袁世凯等人上奏清廷，以各国公使和领事们的要求为理由，请求朝廷严惩对义和团采取过纵容态度的载勋、载澜、载漪、赵舒翘、刚毅等人，以舒列强心中怨怒，为议和谈判开道。

9月18日，李鸿章从海路到达塘沽。第二天，慈禧太后在太原接到李鸿章等人的密折，立即召集军机大臣商讨对策。慈禧此时把一头怒火发向端王载漪："这一大祸都是因你而起，你只能惹事，不能了事，今天京师、天津全部被洋人占领，国事糜烂不堪，弄得我们有国难回，东躲西藏。现在又有人弹劾于你，你自己说说看怎么办吧！"说罢愤愤不已。在座诸位要臣见慈禧震怒，也都屏息无声，垂首而立。9月25日，清廷再次发布上谕，表示对纵拳肇祸的庄亲王载勋、怡亲王溥静、端王载漪、贝勒载濂和载滢、辅国公载澜、都察院左都御史英年、吏部尚书刚毅、刑部尚书赵舒翘等诸王大臣"分别轻重,加以惩处"。为了向洋人表示诚意,这道上谕还说"皆因诸王大臣等纵庇拳匪,启衅友邦",把战端开启的全部责任揽在自己的身上;慈禧太后不惜对不离身边的重臣心腹严加重责,以示自己忏悔知过之意。

10月1日,李鸿章在天津接任直隶总督兼北洋大臣之职。当时联军头目瓦德西正在天津,李鸿章曾两次请求与之会晤;但是,瓦德西肩负威廉二世重托而来,怎么也不会把清政府的全权大臣放在眼里,他说:"我只负责领兵征战,至于订交议和等项外交事宜,属诸国家政府外交部门,非我职责范围之内的事情。"拒绝了李鸿章的求见要求。

10月4日,法国政府提出了包括惩治义和团和纵容义和团凶犯、禁止武器输入、赔款、列强在北京设置永久性卫队、拆除大沽炮台和占领大沽至北京铁路沿线的两三处军事据点等内容的6项条件,建议各国接受,作为共同对华谈判的基础。

列强各国从自己的侵华权益出发,也都先后对此6项条件表示了承认。日本政府还对6条提出了补充意见说:"凡对中国政府提出的可以作为议和基础的一切要求,在开议之前,都预先要提交给在北京的各国代表审查。"这一补充意见也得到了各国的一致同意。10月10日,部分在京的驻华公使召开会议,对法国的建议进行讨论,并提出了一些修改意见。

同一天,李鸿章在百余名俄兵的护送下,到达北京，与另一位全权议和大臣庆亲王奕劻晤谋，对列强采取了一次主动的外交活动。10月15日，李鸿章、奕劻二人向各国驻华使节发出一份同文照会，代表清政府向各国政府提出了议和建议5条。其主要内容为：第一，中国承认攻击各国使馆是违反国际公法并已经认罪，保证今后不再发生类似的事件；第二，中国承担偿付赔款的责任；第三，建议各国可自行决定，或修正现行商约或商订新的条约；第四，总理衙门机关和档案请交付中国政府，各国从中国退兵；第五，和议开谈之后，各国即当停止战争。但是，各国公使接到这份同文照会之后，全都对之嗤之以鼻，不屑一顾，更有人指责李鸿章说："在目前的这种形势下，他对列强还持如此说法，其态度不啻是十分狂妄而野蛮的，同时也是不自量力的。"他们心中自有主张，岂能容忍中国政府的议和大臣插话言语，与自己讨价还价。

10月16日，法国政府再度向各国提出备忘录，请求各国支持法国照会提出的对华议和原则，并把6条谈判基础正式通知清政府的议和大臣。19日，它又提出了根据各国意见修改后的6条。与此同时，英、德、日、美、意等国政府也分别授权其驻华公使同其他各国使节就向中国提出谈判基础问题进行谈判。10月20日，已撤到天津的俄国公使根据本国政府的训令回到了北京。

这样，一方面八国联军在瓦德西的指挥下，从北京和天津出发，四处攻掠，疯狂地镇压义和团和中国军民的反抗斗争。另一方面，列强各国的公使们经过几个月的吵吵闹闹，终于坐到谈判桌旁，商议有关停战议和，以及如何极尽限度地敲诈清政府及中国人民的问题了。英、法、德、日、俄、美等11国公使在西班牙公使馆内召开了数十次会议，讨价还价，彼此争斗了两个月之久，于12月22日，把各方面的利益和要求，归纳为《议和大纲十二条》，于24日以联合照会的形式递交给李鸿章和奕劻，同时宣称，他们的要求不容更改，如果清政府拒绝接受，列强就将继续占领北京、天津和直隶。

李鸿章和奕劻接到照会，见列强提出的12条分别是：第一，治罪祸首，应按中国极重之律法从事；第二，中国允照赔偿各国各款；第三，派清室近支亲王一员赴德国谢罪，派大臣一员往日本谢罪，并应允在北京为德使克林德建立牌坊；第四，凡曾滋事的各个地方，应罚停止考试五年；第五，拆除大沽炮台；第六，由天津至北京沿途允由洋兵择处设卡；第七，允各国使馆永驻卫队；第八，此后遇杀害洋人之事而地方官有过者，永远革除不用；第九，凡专供战务之材料，禁止运进中国；第十，凡治罪谕旨及晓谕告示应悬晓二年，团匪拳会即令解散；第十一，各使觐见礼节应酌改，总理衙门应仅设大臣一人；第十二，上开各条约照允照办后，各国兵队方能撤去。

李鸿章和奕劻接到照会后，不敢擅自做主，即刻致电逃亡西安的慈禧太后，向她报告了12条的详细内容。

慈禧太后从太原逃到西安后，一直处在惊恐不安之中。她生怕列强不肯议和,继续西进追击,自己则无处可逃;又怕列强把自己列作祸首,战战栗栗,未稍自安。待接到李鸿章等人电告之列强《议和大纲十二条》,见列强并没有把自己列作祸首,不禁感激涕零。第三天,即12月27日,慈禧太后对李鸿章和奕劻发出电谕:"览所奏各条,曷胜感慨!敬念宗庙社稷关系至重,不得不委曲求全。所有十二条大纲,应即照允。"竟毫不迟疑地批准了列强提出的12条。之后,清政府又在议定书上签字画押,加盖御玺,于次年1月16日分送各列强使馆。至此,清政府一字不改地将议和大纲全部接受了。

1901年2月10日,清廷发布所谓的《罪己诏》,在这一谕旨中,慈禧太后又一次对列强的"宽大处理"表示感激:"今兹议约,不侵我主权,不割我土地,念列邦之见谅,疾愚暴之无知,事后追思,惭愤交集。"并信誓旦旦地指天发誓要"量中华之物力,结与国之欢心"。

很明显,慈禧太后为了讨得列强侵略者的欢心,决意要竭尽中国的物力财力,满足侵略者贪得无厌的嗜欲,只要能换得列强对自己的宽宥,即便是把国家和民族的利益全部出卖干净,慈禧太后也已在所不惜了。

2 辛丑条约敲骨吸髓

在军事和外交上,列强都已击垮了清政府,使它乖乖地接受了自己所提出的一切要求。余下的只是各国使节就如何逼迫清政府惩处祸首、向中国勒索赔款以及列强之间分赃等问题进行磋商和吵闹了。而作为八国联军手下败将的清政府，对于条约哪怕是一个极其细微的小节，都没有也不敢要求有发言权，它只是在那里耐心地等待，等待在列强的争吵达成妥协之后，在正式和约上签字画押而已。至于列强提出的任何要求，都容不得它有丝毫的反驳和半点的怨言。

列强国家认为，中国之所以发生大规模的义和团反帝灭洋运动，一个最为重要的原因，是清政府朝廷内部和地方官吏中，有一大批对义和团采取纵容和庇护政策的人。因此，它们强烈要求清政府对这些"祸首"严加惩处。对于列强的要求，清政府不敢多言，只得于1901年2月21日，发布上谕，对由列强提名的大小官吏进行严惩：庄王载勋赐令自尽，端王载漪和辅国公载澜均定于斩监候，发往极边永远监禁；山西巡抚毓贤即行正法，赵舒翘、英年定为斩监候，赐令自尽；徐桐、李秉衡等定为斩监候，皆于先期自尽，处以革职、撤销恤典的惩处；董福祥降职调用。凡是此前主张招抚义和团和对洋人作战的朝廷重臣大吏，尽遭严厉惩处。两天后，慈禧太后又电谕李鸿章和奕劻，令他们转告列强各国：惩办祸首一事，业已遵从各国照会意愿办理，请求早定和局，商令撤兵。

但是，列强依然觉得处罚的人太少，事情不能就此完结。4月7日，除沙俄以外的10国公使又把他们列举的140多人的中国"外省犯罪官员"的名单送交给李鸿章，强迫清政府对这批人员作出惩罚。4月29日，慈禧太后应列强之命，以对洋人教堂保护不力、酿成事端为罪名，对各省的军政官员共65人处以惩罚。其中山西归绥道郑文钦等4人，处以斩刑立决；已故前直隶总督裕禄、驻藏大臣庆善等，革夺官职；盛京副都统晋昌、黑龙江副都统凤翔（已故）等4人，处以发往极边、永充苦役的惩罚。8月19日，朝廷为满足列强的要求，再次发布上谕，对各省官吏士绅64人施以不同名目的惩处，并谕令停止全国49处府、州、县的科举考试。

这样，在列强的颐指气使下，清廷几度谕旨，几番严惩，处治了一百多名王公贵族、文武官绅。这些人中有不少是有民族气节的慷慨之士。列强汹汹叫嚷的"惩凶"要求终于在清政府的精心办理下，得到了满足。

在赔款问题上，列强各国的态度也不一样。美国考虑到自己强大的竞争实力，重申其"门户开放"的原则，首先提出主张，建议列强向中国要求一笔一次性的总付赔款，其总数额以中国的财政能力支付得起为限，然后在各国之间公平分配。美国人当时有这样的一种心理：凭借着高度发达的科技和生产力，美国自信能够击败在中国市场上的任何一个对手，所以它不希望列强过度的勒索导致中国经济的彻底崩溃，妨碍日后美国垄断在中国的经济霸权。

英国拥有对华贸易的绝对优势，它同样有一种自信的心理，并使它确立了这样一个原则："提出的要求应尽可能地适中，庶几不致过度地危害中国的财政地位。"英国人也与美国具有同样的想法：不能与别的国家一道采取杀鸡取卵的办法，摧毁中国的经济，造成自己贸易地位的破坏。日本政府当时在外交上追随英国，因此在赔款问题上，日本的态度与英、美的态度颇为一致，其在心理上、实力上也具有同样的考虑。

俄、德、法等国则有着自己的想法，它们都希望通过谈判能从中国勒索到尽可能多的赔款。德国政府急需大量现金，用以扩建海军舰队，争夺海上霸权。俄国人也要利用中国的赔款弥补自己的国库亏虚，增加军费，加速西伯利亚大铁路的修建，以便巩固其在远东的地位，加紧对中国东三省及朝鲜半岛的侵略。其他几个小国也各怀鬼胎，满口流涎。

各国经过七八个月的争执，最后终于达成妥协。它们各自提出了自己的索赔数额，总计竟达白银 4.5 亿两。其中以俄国人最为贪婪，其索赔数额高达 1.3 亿多两，德国人次之，为 9100 万两，法国 7000 多万两，英国 5000 多万两，日本 3000 多万两，美国 3400 万两，意大利 2700 多万两，比利时 860 多万两，奥匈帝国 400 多万两。

总额已经提出，各国也基本上获取了自己所意愿的分配数额。但是清政府每年的财政收入，最多不过 8800 多万两，如此巨大的赔款数额，清政府如何偿还支付？

于是，就清政府支付赔款方式的问题，列强之间又展开了争吵。俄国人索款心切，它提出清政府向国际金融资本家借款，实现一次付清款项的方法。英、美等国害怕由此会引起国际共管中国财政的局面，不利于它们在华的经济利益，因而对俄的提案坚决反对。在美国的支持下，英国提出自己的方案：由清政府发行债券，分39年清还，年息四厘。又经过几个月的争吵，俄国人终于被迫放弃了自己的提案。列强之间又一次达成了一致的意见，拟定了最后的议定书。

1901年8月18日，西班牙公使葛络干代表公使团把最后议定书送交清政府议和大臣，强迫清政府在上面画押签字。慈禧太后在西安接到了列强公使团递交的最后议定书，觉得自己此番西狩逃难已近终结，心中好不欢悦，哪里还对列强提出的要求细加斟酌。8月27日，她电令李鸿章在和约上即行画押，在慈禧太后看来，列强国家究竟提出些什么要求并不重要，最关紧切的是在和约签订之后，她这位老佛爷就可返舆京师了。

1901年9月7日，李鸿章和奕劻代表清政府，同英、俄、德、美、法、日、意、奥、比、西、荷11国公使，于北京在最后议定书上签字，正式订立了中外和约。因这一年为夏历辛丑年，所以这一和约被称作《辛丑条约》。

《辛丑条约》是一个空前屈辱的奴役性条约，共有12款及19个附件。它的主要内容是：一、清政府向各国共计赔款4.5亿两白银，加上年息四厘，分39年偿清，本息共9.8亿多两。另有各省地方赔款2000多万两，总额超过10亿两。二、各国在北京东交民巷建立使馆区，中国人不得在此区域内居住，各国派兵永久驻守。三、拆毁由大沽至北京沿途各处炮台，在天津周围20里内不得驻扎中国军队，允许列强军队在北京及京榆铁路沿线的山海关、秦皇岛、天津、廊坊等12个战略要地驻扎，禁止军火和制造军火原料运进中国，为期2年，并可延长禁运期限。四、永远禁止中国人成立或加入任何排外组织，违者处死。各省官吏须保护外国人的安全，否则即行革职，永不叙用。惩办祸首诸臣众将，在有外国人被义和团杀死的地方，停止文武各等考试5年。五、清廷派亲王、大臣分别赴德、日两国谢罪，并在德国公使克林德、日本使馆书记生杉山彬被杀处建立牌坊，为被毁之外国人坟茔建立碑碣。

《辛丑条约》是列强强加在中国人民身上的一副极其沉重的锁链，是一个敲骨吸髓的不平等条约。超过10亿两白银的赔款，数目之大，空前绝后，按照当时中国人口计数，平均每一个中国人摊2两多白银。为了支付赔款，中国的海关税、常关税和盐税，被控制在列强手中，清政府除了田赋之外，几乎再无别的财政来源。为了拼凑赔款，清政府勒令各省每年摊派2000万两款项，而这一切最终又全部转嫁到中国百姓头上，大大加重了民众的苦难。社会经济处于崩溃的边缘，外债几乎永无偿清之时，中国人民的苦难、中华民族的耻辱达到了空前严重的境地。

《辛丑条约》签订之后，各国的贪婪欲望暂时获得了满足。八国联军也满载着他们从北京及直隶各地掳来的奇珍异宝，带着贪欲满足后的惬意，耀武扬威地踏海而去。北京，这个过去一直为他们向往的神秘名字，现在在他们的心目中也已变了形象，因为他们已用洋枪和大炮把它变成了一座废墟；用血与火，把它染成了一片猩红；用抢与劫，把它变成了一座空城。

躲在西安的慈禧太后，心中一块悬着的石头终于落了地。1901年10月6日，她带着光绪帝及一班文武官员，由西安启銮，出潼关，越黄河，经洛阳，过开封，然后在正定改乘火车，于1902年1月7日回到北京。一路之上，仪卫雄盛，发卒数万，沿途官员贡献慈禧的价值六七百万两白银的财物，也随车拖而东向，浩浩荡荡，好不威风。所过州县，无不抢修道路，缮治宫室，大兴兵卫，恭迎老佛爷盛驾，搅得平民百姓无以安生。一年多前八国联军兵临皇城时，这群人几乎是赤身露体地逃出北京，而今他们已经忘记了往日的那番狼狈，又要用卖国媚敌所获得的资本，重新在中国人民的面前极尽排场、耀武扬威了。

3 扫清灭洋，义和团名传青史

中国人民古朴的刀剑和神拳终于没有能够抵挡住八国联军的坚船利炮，清王朝卑污的投降政策更成了这一批民族血性儿女们反帝御侮的羁绊，义和团运动遭到了列强侵略势力和封建反动势力的残酷镇压。

但是，中国人民没有屈服，同胞的鲜血、破碎的家园更坚定他们抗敌的决心，清廷的怯懦和卖国也最终使他们抛弃了对这一腐败王朝的最后一线希望。他们从血泊之中爬将起来，来不及擦去身上的血污，顾不得掩埋战友们的尸身，便又紧张地投入到新的战斗中。他们断然抛弃了"扶清"旗号，高擎起"扫清灭洋"的大旗，为民族，为国家，前仆后继，浴血战斗。

1901年，在八国联军到处屠杀中国人民、疯狂劫掠的同时，直隶、京津等地的许多州县便先后爆发了"抗洋捐"、"反摊赔款"的斗争。在安平、深州等地，有700多个村庄组织了自保身家的联庄会，有20多万人参加，与八国联军、洋人教士及清朝军队对抗。他们在田宪瑞的率领下，首先树起了"扫清灭洋"的大旗，同清军和来犯的法国侵略军英勇作战，屡创来犯之敌。同年7月，退踞雄县的义和团余众在祁子刚的领导下，奋而起义，他们高呼着"反清灭洋"口号，与清军展开了殊死的战斗，并继承了义和团反洋仇教传统，在新城一带，时伏时起，坚持了多年的斗争。

和直隶人民的反抗斗争遥相呼应，四川省义和团（又称红灯教）此时也迅速发展壮大。1901年3月，在四川巴县地区，红灯教首领发布揭帖，明确地提出了"灭清剿洋兴汉"的口号，并约定，于是年端午节戌时，天下各处，共期征战。到了端午节这一天，红灯教徒在成都打毁教堂，发动了红灯教起义。到1902年，红灯教势力蔓延至全省30多个州县，樵夫牧童，全都加入到战斗的行列中。他们围攻州城，摧毁教堂，打富济贫，惩治清吏，斗争的矛头直指帝国主义侵略者和腐败的清王朝封建统治者。其中以廖观音和曾罗汉为首的义和团队伍，力量最为强大，拥众数千人之多，活跃在川西华阳、成都一带，势若狂风骤雨，对这里的反动势力进行横扫。

1902年，在直隶广宗爆发了景廷宾领导的起义。景廷宾，广宗东召村人，武举出身。早在1901年春，为了反对广宗县官绅教士所议定的向教会赔偿"损失"的2万吊京钱和1万多两的地方赔款，他就曾两次聚众抗议，宣布中国人不纳洋差，展开了抗洋捐的斗争。广宗县人民纷纷响应。他们以东召村为中心，组织起联庄会，由景廷宾任总团首，领导群众进行斗争。1902年3月，直隶总督袁世凯派重兵进犯东召村，架炮狂轰，景廷宾率众撤退。4月间，他们转战至巨鹿厦头寺，在那里与赵三多率领的义和团余部会师，并把附近百姓迅速发动起来，壮大斗争队伍。景廷宾号称"龙团大元帅"，推赵三多为主将，在厦头寺前树起了"扫清灭洋"和"官逼民反"两面大旗。起义军一度攻占了威县和广宗县城，声势大振。反帝灭洋的斗争烽火，燃遍了直、鲁、豫3省交界的24个州县。

袁世凯派遣段祺瑞、倪嗣冲等率新军与德、日、法三国军队共6000多人，向景廷宾发动猛攻。景廷宾率众转战至广宗的件只村。5月8日，清军大队围攻件只村，景廷宾率众抵抗，与敌人展开肉搏。最后，起义军突破重围，转战到成安县，坚持斗争。袁世凯又调派重兵，前往追剿。7月25日景廷宾、赵三多在河南临漳战败被俘,余部四散。至此,这场遍及3省24县的"扫清灭洋"的斗争被中外反动力量暂时扑灭下去。

在湖南,中国人民又一次掀起了大规模的反帝斗争。1902年8月间,辰州2000多人揭竿而起,发动起义,打毁教堂,杀死了英国传教士罗国瑜和胡绍祖。在平江、祁阳、醴陵等十余个州县再一次出现"民教纠纷",人民的斗争情绪又趋高涨。9月,贺金声在邵阳蛇林桥聚众起义,远近各地的哥老会首领纷纷前来投效,不日便组成了一支拥众3万多人的武装队伍,号称为"大汉佑民灭洋军"。贺金声自任元帅。他刊刻揭帖,发布《劝各国教士文》,严正指出:"各国逼我中国太甚,滋酿祸端之事极多,而教堂尤为第一大宗",义正词严地警告那些披着宗教外衣的帝国主义分子,"将所立教堂,速自收除",然后尽快滚出中国去,否则灭洋军一到,即要杀得个鸡犬不留!同时,他还以大汉灭洋军大元帅的名义,颁发告示,传帖招兵,并致函湖南巡抚俞廉三,希望他能当机立断,誓与湘省豪杰,努力同心,以立不朽之业。起义军的浩大声势,迫使俞廉三只得采取阴谋伎俩。9月23日,俞廉三派人以宣慰议事为名,设筵置阱,诱骗贺金声赴会,将他逮捕,并于27日晚杀害。同时,清军也随即出动,扑向起义群众。义军奋起抵抗,但终因仓猝应战,群龙无首,遭到失败。

冒着八国联军的枪林炮雨,挨着清政府不时由背后施放的冷枪暗箭,中华民族无数的英勇儿女倒在血泊之中。义和团走过了悲壮的历程，在中外反动势力的联合绞杀下，遭到了悲惨的失败。他们驱逐侵略者的伟大愿望没有能够实现，中华大地被英雄们的鲜血染成了赤色，天空也为我们民族空前劫难和耻辱低垂着愁云！

但是，在那世纪的交叉点上，中国人民自发的反抗斗争，波澜壮阔，声势浩大，数年之间席卷了全国每一个角落，震撼了世界。义和团民们用自己的碧血丹心，向地球东西方对中华民族虎视眈眈的帝国主义列强展示了中国人民反抗侵略的坚定决心和伟大力量。他们与来犯之敌血战到底的不屈气概和置生死于度外的勇敢精神，向列强显示了中华民族"民气坚劲"的内蕴和不可凌辱的雄强气象，击碎了列强企图挟战胜之余威，瓜分中国的黄粱美梦。八国联军统帅瓦德西以自己的切身体验，感到了中国的不可征服，他在给威廉二世的报告中，十分沮丧地写道："中国人所固有的好战精神，尚未完全丧失，这一点可于此次拳民运动中见之。无论是欧美列强，还是德日帝国，都无此脑力与兵力，可以征服此桀骜不驯的国民，统治此天下四分之一的生灵，所以诸国历来所倡的瓜分之事，实为下策！"侵略者自己也已经知道，瓜分中国的企图，不啻是痴人梦呓，一派妄想耳。

义和团对八国联军的抗击，以及它"扫清灭洋"的勇猛斗争，削弱了清政府的统治力量，戳穿了它认贼作父、奴颜婢膝的卑怯嘴脸，打乱了清王朝的封建统治秩序。凡是有义和团活动的地方，人民皆扬眉吐气，封建主义的纲纪法度，尽遭爱国人民的毁弃。那些平日羽翼洋人、趋炎附势的贪官污吏，也在这滔滔洪流之中，受到了人民的严厉惩罚。中国人民以自己的苦苦争斗，播下了民族独立的种子，并以自己颈颅的血汁浇灌它，催它出芽，护它长大，终于在20世纪新曙光的照耀下张开了鲜艳之花。

参考书目

1. 中国史学会编《义和团》（1～4册），神州国光社，1953。
2. 近代史资料编辑组编《义和团史料》，中国社会科学出版社，1982。
3. 徐绪典主编《义和团运动时期报刊资料选编》，齐鲁书社，1990。
4. 廖一中等著《义和团运动史》，人民出版社，1981。
5. 李文海等编《义和团运动史事要录》，齐鲁书社，1986。
6. 〔美〕周锡瑞著《义和团运动的起源》，江苏人民出版社，1992。
7. 义和团运动史研究会编《义和团运动史论文选》，中华书局，1984。
8. 庄建平、卞修耀著《义和铁拳英烈》，福建教育出版社，1994。
9. 丁名楠等著《帝国主义侵华史》（第一、二卷），人民出版社，1973、1986。
10. 李德征等著《八国联军侵华史》，山东大学出版社，1990。

《中国史话》总目录

系列名	序号	书名	作者
物质文明系列（10种）	1	农业科技史话	李根蟠
	2	水利史话	郭松义
	3	蚕桑丝绸史话	刘克祥
	4	棉麻纺织史话	刘克祥
	5	火器史话	王育成
	6	造纸史话	张大伟　曹江红
	7	印刷史话	罗仲辉
	8	矿冶史话	唐际根
	9	医学史话	朱建平　黄健
	10	计量史话	关增建
物化历史系列（28种）	11	长江史话	卫家雄　华林甫
	12	黄河史话	辛德勇
	13	运河史话	付崇兰
	14	长城史话	叶小燕
	15	城市史话	付崇兰
	16	七大古都史话	李遇春　陈良伟
	17	民居建筑史话	白云翔
	18	宫殿建筑史话	杨鸿勋
	19	故宫史话	姜舜源
	20	园林史话	杨鸿勋
	21	圆明园史话	吴伯娅
	22	石窟寺史话	常青
	23	古塔史话	刘祚臣
	24	寺观史话	陈可畏
	25	陵寝史话	刘庆柱　李毓芳
	26	敦煌史话	杨宝玉
	27	孔庙史话	曲英杰
	28	甲骨文史话	张利军
	29	金文史话	杜勇　周宝宏

系列名	序号	书名	作者
物化历史系列（28种）	30	石器史话	李宗山
	31	石刻史话	赵 超
	32	古玉史话	卢兆荫
	33	青铜器史话	曹淑芹 殷玮璋
	34	简牍史话	王子今 赵宠亮
	35	陶瓷史话	谢端琚 马文宽
	36	玻璃器史话	安家瑶
	37	家具史话	李宗山
	38	文房四宝史话	李雪梅 安久亮
制度、名物与史事沿革系列（20种）	39	中国早期国家史话	王 和
	40	中华民族史话	陈琳国 陈 群
	41	官制史话	谢保成
	42	宰相史话	刘晖春
	43	监察史话	王 正
	44	科举史话	李尚英
	45	状元史话	宋元强
	46	学校史话	樊克政
	47	书院史话	樊克政
	48	赋役制度史话	徐东升
	49	军制史话	刘昭祥 王晓卫
	50	兵器史话	杨 毅 杨 泓
	51	名战史话	黄朴民
	52	屯田史话	张印栋
	53	商业史话	吴 慧
	54	货币史话	刘精诚 李祖德
	55	宫廷政治史话	任士英
	56	变法史话	王子今
	57	和亲史话	宋 超
	58	海疆开发史话	安 京

系列名	序号	书名	作者
交通与交流系列（13种）	59	丝绸之路史话	孟凡人
	60	海上丝路史话	杜 瑜
	61	漕运史话	江太新　苏金玉
	62	驿道史话	王子今
	63	旅行史话	黄石林
	64	航海史话	王 杰　李宝民　王 莉
	65	交通工具史话	郑若葵
	66	中西交流史话	张国刚
	67	满汉文化交流史话	定宜庄
	68	汉藏文化交流史话	刘 忠
	69	蒙藏文化交流史话	丁守璞　杨恩洪
	70	中日文化交流史话	冯佐哲
	71	中国阿拉伯文化交流史话	宋 岘
思想学术系列（21种）	72	文明起源史话	杜金鹏　焦天龙
	73	汉字史话	郭小武
	74	天文学史话	冯 时
	75	地理学史话	杜 瑜
	76	儒家史话	孙开泰
	77	法家史话	孙开泰
	78	兵家史话	王晓卫
	79	玄学史话	张齐明
	80	道教史话	王 卡
	81	佛教史话	魏道儒
	82	中国基督教史话	王美秀
	83	民间信仰史话	侯 杰
	84	训诂学史话	周信炎
	85	帛书史话	陈松长
	86	四书五经史话	黄鸿春

系列名	序号	书名	作者
思想学术系列（21种）	87	史学史话	谢保成
	88	哲学史话	谷 方
	89	方志史话	卫家雄
	90	考古学史话	朱乃诚
	91	物理学史话	王 冰
	92	地图史话	朱玲玲
文学艺术系列（8种）	93	书法史话	朱守道
	94	绘画史话	李福顺
	95	诗歌史话	陶文鹏
	96	散文史话	郑永晓
	97	音韵史话	张惠英
	98	戏曲史话	王卫民
	99	小说史话	周中明 吴家荣
	100	杂技史话	崔乐泉
社会风俗系列（13种）	101	宗族史话	冯尔康 阎爱民
	102	家庭史话	张国刚
	103	婚姻史话	张 涛 项永琴
	104	礼俗史话	王贵民
	105	节俗史话	韩养民 郭兴文
	106	饮食史话	王仁湘
	107	饮茶史话	王仁湘 杨焕新
	108	饮酒史话	袁立泽
	109	服饰史话	赵连赏
	110	体育史话	崔乐泉
	111	养生史话	罗时铭
	112	收藏史话	李雪梅
	113	丧葬史话	张捷夫

系列名	序号	书名	作者
近代政治史系列（28种）	114	鸦片战争史话	朱谐汉
	115	太平天国史话	张远鹏
	116	洋务运动史话	丁贤俊
	117	甲午战争史话	寇伟
	118	戊戌维新运动史话	刘悦斌
	119	义和团史话	卞修跃
	120	辛亥革命史话	张海鹏 邓红洲
	121	五四运动史话	常丕军
	122	北洋政府史话	潘荣 魏又行
	123	国民政府史话	郑则民
	124	十年内战史话	贾维
	125	中华苏维埃史话	杨丽琼 刘强
	126	西安事变史话	李义彬
	127	抗日战争史话	荣维木
	128	陕甘宁边区政府史话	刘东社 刘全娥
	129	解放战争史话	朱宗震 汪朝光
	130	革命根据地史话	马洪武 王明生
	131	中国人民解放军史话	荣维木
	132	宪政史话	徐辉琪 付建成
	133	工人运动史话	唐玉良 高爱娣
	134	农民运动史话	方之光 龚云
	135	青年运动史话	郭贵儒
	136	妇女运动史话	刘红 刘光永
	137	土地改革史话	董志凯 陈廷煊
	138	买办史话	潘君祥 顾柏荣
	139	四大家族史话	江绍贞
	140	汪伪政权史话	闻少华
	141	伪满洲国史话	齐福霖

系列名	序号	书名	作者
近代经济生活系列（17种）	142	人口史话	姜涛
	143	禁烟史话	王宏斌
	144	海关史话	陈霞飞 蔡渭洲
	145	铁路史话	龚云
	146	矿业史话	纪辛
	147	航运史话	张后铨
	148	邮政史话	修晓波
	149	金融史话	陈争平
	150	通货膨胀史话	郑起东
	151	外债史话	陈争平
	152	商会史话	虞和平
	153	农业改进史话	章楷
	154	民族工业发展史话	徐建生
	155	灾荒史话	刘仰东 夏明方
	156	流民史话	池子华
	157	秘密社会史话	刘才赋
	158	旗人史话	刘小萌
近代中外关系系列（13种）	159	西洋器物传入中国史话	隋元芬
	160	中外不平等条约史话	李育民
	161	开埠史话	杜语
	162	教案史话	夏春涛
	163	中英关系史话	孙庆
	164	中法关系史话	葛夫平
	165	中德关系史话	杜继东
	166	中日关系史话	王建朗
	167	中美关系史话	陶文钊
	168	中俄关系史话	薛衔天
	169	中苏关系史话	黄纪莲
	170	华侨史话	陈民 任贵祥
	171	华工史话	董丛林

系列名	序号	书名	作者
近代精神文化系列（18种）	172	政治思想史话	朱志敏
	173	伦理道德史话	马 勇
	174	启蒙思潮史话	彭平一
	175	三民主义史话	贺 渊
	176	社会主义思潮史话	张 武　张艳国　喻承久
	177	无政府主义思潮史话	汤庭芬
	178	教育史话	朱从兵
	179	大学史话	金以林
	180	留学史话	刘志强　张学继
	181	法制史话	李 力
	182	报刊史话	李仲明
	183	出版史话	刘俐娜
	184	科学技术史话	姜 超
	185	翻译史话	王晓丹
	186	美术史话	龚产兴
	187	音乐史话	梁茂春
	188	电影史话	孙立峰
	189	话剧史话	梁淑安
近代区域文化系列（11种）	190	北京史话	果鸿孝
	191	上海史话	马学强　宋钻友
	192	天津史话	罗澍伟
	193	广州史话	张 苹　张 磊
	194	武汉史话	皮明庥　郑自来
	195	重庆史话	隗瀛涛　沈松平
	196	新疆史话	王建民
	197	西藏史话	徐志民
	198	香港史话	刘蜀永
	199	澳门史话	邓开颂　陆晓敏　杨仁飞
	200	台湾史话	程朝云

《中国史话》主要编辑出版发行人

总 策 划 谢寿光　王　正
执行策划 杨　群　徐思彦　宋月华
　　　　　　梁艳玲　刘晖春　张国春
统　　筹 黄　丹　宋淑洁
设计总监 孙元明
市场推广 蔡继辉　刘德顺　李丽丽
责任印制 岳　阳